König · Warming-up in Seminar und Training

Konzept und Beratung der Reihe Beltz Weiterbildung:

Prof. Dr. *Karlheinz A. Geißler,* Schlechinger Weg 13, D-81669 München.
Prof. Dr. *Bernd Weidenmann,* Weidmoosweg 5, D-83626 Valley.

Stefan König

Warming-up in Seminar und Training

Übungen und Projekte zur Unterstützung von Lernprozessen

2. Auflage

Beltz Verlag · Weinheim und Basel

Stefan König, Jg. 1970, Diplomsozialpädagoge, Zusatz-
studium zum Personalentwickler im lernenden Unternehmen.
Projektleiter einer Beratungs- und Trainingseinrichtung
für junge Arbeitslose, freiberuflicher Trainer und Personalentwickler. Er leitet Trainings für Führungskräfte und
Teams und führt Projekte der Organisations- und Personal-
entwicklung von Unternehmen durch.

Stefan König, Pater-Rupert-Maier-Weg 13, 83671 Benediktbeuren.
Tel. 0175 4037689. E-Mail: Stefan-König@gmx.net

2., neu ausgestattete Auflage 2004

Lektorat: Ingeborg Sachsenmeier

© 2002 Beltz Verlag · Weinheim und Basel
www.beltz.de
Herstellung: Klaus Kaltenberg
Satz: Satz und Repro Mediapartner GmbH, Hemsbach
Druck: Druckhaus Beltz, Hemsbach
Umschlaggestaltung: glas ag, Seeheim-Jugenheim
Zeichnungen: Hans Georg Merkel, Landau
Printed in Germany

ISBN 3-407-36423-7

Inhaltsverzeichnis

Die einzelnen Warming-ups

Vorwort

Wer kennt durch die Arbeit mit Gruppen die Situation nicht, dass die Teilnehmer nicht wirklich effizient arbeiten und lernen: Friedhöflichkeit in Anfangssituationen, Müdigkeit nach der Mittagspause, gedankenabschweifende Teilnehmer bei längeren Diskussionen, ewige Wiederholungen ohne zu einer Entscheidung zu kommen, viele Seitengespräche, wenig Wortmeldungen, mehr Konkurrenzdenken als Kooperation, geringe Eigeninitiative ...

Warming-ups sind in solchen Situationen eine Möglichkeit den Lernprozess in Schwung zu bringen. Sie können als eine Art Lernprozessverstärker verstanden werden. Sie unterstützen das Lernen, ohne unbedingt etwas mit dem zu lernenden Stoff zu tun zu haben. Vielmehr »wärmen« sie zum eigentlichen Lernen auf, indem sie die Basis, die zum Lernen notwendig ist, fördern: Konzentration, Engagement, Spaß und Offenheit für Neues. Geschieht Lernen wie in Trainings und Seminaren üblich in der Gruppe, ist zudem eine positive Gruppendynamik erforderlich. Dazu bieten Warming-ups den Teilnehmern die Möglichkeit sich näher zu kommen, sich konstruktiv auseinander zu setzen, gemeinsam zu handeln und Synergien zu entwickeln.

Warming-ups stellen so eine Möglichkeit dar, den Lernerfolg der Teilnehmer und damit den Erfolg des Trainings oder Seminars zu erhöhen. Wer Warming-ups einmal erfolgreich eingesetzt hat, wird sie immer wieder anwenden. Zudem kommen sie bei den Teilnehmern in der Regel gut an, sie bieten eine willkommene Abwechslung und viel Spaß.

Der klassische Einsatz eines Warming-ups ist die Anfangssituation in einer Veranstaltung. Eingesetzt werden kann es hier als Einstimmung auf die bevorstehende Arbeit oder um eine eher angespannte Anfangssituation aufzulockern. In solchen Fällen wird das Warming-up auch als »Icebreaker« bezeichnet. Richtig interessant jedoch werden Warming-ups erst während einer Veranstaltung: Einen Lernprozess zu initiieren ist nicht schwer, ihn aber am Laufen zu halten und ihn zu einem erfolgreichen Abschluss zu führen umso mehr. Warming-ups können dazu beitragen, den zielorientierten Lernprozess kontinuierlich zu verstärken. Dazu können sie beispielsweise die Konzentration fördern, eine vorteilhafte Dynamik in der Gruppe unterstützen, und den Teilnehmern durch Bewegung und frische Luft einen wohltuenden Ausgleich zur geistigen Arbeit bieten.

Dieses Buch verstehe ich daher nicht als eine Aneinanderreihung von unterhaltsamen Spielen, Kennenlernspielen oder auch handlungsorientierten Lernprojekten, wie sie vor allem im Outdoor-Bereich eingesetzt werden. Dieses Buch ist auch keine Anleitung zur Meditation oder zum Schulternmassieren, auch wenn es hier unter anderem um Konzentration und Entspannung geht.

Vielmehr ist die Idee zu diesem Buch aus der Praxis für die Praxis entstanden. Nicht selten bin ich in einer Trainingssituation gestanden: »Jetzt wäre ein Warming-up gut, aber welches?« Kennen gelernt habe ich einige, aber in der Situation das adäquate auf die Schnelle aus der Tasche zu ziehen kann schwierig sein. Bisweilen sieht man den Wald vor lauter Bäumen nicht und manchmal kann es schwierig sein ein Warming-up zu finden, dessen pädagogische Zielsetzung der Situation der Teilnehmer entspricht. Zudem müssen die Fragen gestellt werden, wie viele Teilnehmer habe ich, wie viel Zeit steht zur Verfügung, habe ich Material und wenn ja welches, welche räumlichen Möglichkeiten habe ich zur Verfügung und wie viel Zeit habe ich, um das Warming-up vorzubereiten? Diese Faktoren spielen bei der Auswahl eine entscheidende Rolle und sind zudem meistens von Veranstaltung zu Veranstaltung unterschiedlich.

Aus dieser typischen und gleichzeitig komplexen Situation entstand der Wunsch nach einer schriftlichen Sammlung von Warming-ups. Eine Sammlung, die mir in der Vorbereitung zu einer Veranstaltung und vor allem in einer Veranstaltung eine schnelle Antwort darauf gibt, welches Warming-up unter Berücksichtigung der verschiedenen Faktoren günstig ist. Da ich eine solche Sammlung nicht gefunden habe, habe ich selbst angefangen, Warming-ups zu sammeln und nach trainings- und seminarrelevanten Faktoren zusammenzustellen. Diese Sammlung liegt nun in Buchform vor.

Sie finden hier also eine Auswahl von Warming-ups, die ich in der Trainings- und Seminararbeit mit verschiedenen Gruppen als hilfreiche Lernprozessverstärker erfahren habe. Diese Warming-ups haben in der Regel einen hohen Aufforderungscharakter, sind handlungsorientiert und konstruktiv. Es handelt sich hauptsächlich um Übungen, die die gesamte Gruppe fordern und fördern. »Aufgewärmt« wird hier die Dynamik durch Förderung unter anderem von Kommunikation und Kooperation. Die verschiedenen Übungen bieten zudem für die Teilnehmer viele Erlebnisse, Erfahrungen und Lernmomente. Diese Lernmomente können wichtige Potenziale für den Teilnehmer und die bevorstehende Arbeit bieten. Um diese Potenziale nutzbar zu machen, bieten sich im Anschluss der Warming-ups Reflexionsgespräche an. In diesen Gesprächen können die Erlebnisse und Erfahrungen aus den Übungen verbalisiert und für die bevorstehende Arbeit nutzbar gemacht werden.

Diese Sammlung und die Aufmachung verstehe ich als Tool für die gezielte und prozessorientierte Arbeit mit Gruppen. Dieses Tool ist als Hilfsmittel gedacht bei der Planung von Veranstaltungen und vor allem für den spontanen Gebrauch in einer Veranstaltung. Die Idee zu diesem Buch kommt aus der Arbeit in Training und Seminar. Es ist daher auch in erster Linie für diesen Bereich gedacht. Der Einsatz ist aber nicht auf diesen Bereich begrenzt, sondern ebenso gut auch in anderen Bereichen einsetzbar, wo es um Lernsituationen mit Gruppen geht. Dies Buch wendet sich daher gleichermaßen an Teamleiter, Referenten, Workshopleiter, Moderatoren, Lehrer und Interessenten. Im Text wird der Leserlichkeit wegen von Seminaren und Trainings gesprochen bzw. von Seminarleiter und Trainer. Synonym hiermit sind jedoch auch andere Lernsituationen mit Gruppen angesprochen.

Der Aufbau dieses Buches sieht folgendermaßen aus: Nach dem Vorwort folgt eine Einleitung zu den Warming-ups sowie Hinweise zum Gebrauch dieses Buches. Im anschließenden Abschnitt folgen die einzelnen Warming-ups. Die dargestellten Übungen und Projekte werden sozusagen »einsatzbereit« vorgestellt, von der Wirkung des einzelnen Warming-ups auf die Teilnehmer, der Vorbereitungsaufwand für Sie, über die Anleitung, bis hin zu Tipps, in welchen Situationen Sie das Warming-up einsetzen können und wie es anmoderiert werden kann. Im Anhang finden Sie eine Art Suchmaschine. Hier werden alle vorgestellten Warming-ups kurz, aber mit den wichtigsten Details beschrieben. Diese Detailübersicht ermöglicht es Ihnen in einer Veranstaltung, möglichst schnell ein passendes Warming-up zu finden, ohne dabei viel blättern und lesen zu müssen.

Der Leserlichkeit wegen habe ich meistens die männliche Schreibform gewählt.

Ich würde mich freuen, wenn dieses Buch bzw. dieses Werkzeug Sie unterstützen kann, Lernprozesse erfolgreich zu initiieren und zu unterstützen!

Obersteinbach, 1. Mai 2002   *Stefan König*

Einleitung

Die Idee dieses Buches ist es, ein brauchbares Werkzeug zum Thema Warming-up für den Einsatz in der Praxis zu schaffen. Dementsprechend ist auch diese Einleitung aufgebaut: Sie informiert kurz und bündig über Ursprung, Ziele und Anwendung. Zudem kann die Einleitung im Ganzen gelesen werden oder auch punktuell. Es folgt nun ein Überblick über den Aufbau der Übungen und Projekte.

Name des Warming-ups

Der Einführungstext gibt die Zielsetzung bekannt.

Teilnehmerzahl:	Nennung der Mindest- bzw. der maximalen Teilnehmerzahl.
Konstellation:	Angabe, ob das Warming-up einzeln, in Kleingruppen, oder mit der ganzen Gruppe gemacht wird.
Dauer der Durchführung:	Durchführungszeitraum.
Material:	Hinweis zum eventuellen Materialbedarf.
Location:	Wo kann das Warming-up abgehalten werden.
Vorbereitungsaufwand:	Wie viel Zeit muss für die Vorbereitung eingeplant werden: small, middle oder large.

Zeichnung:	Typische Szene aus dem Warming-up.
Anleitung:	Die genaue Durchführung wird erläutert.
Variationsmöglichkeiten:	Eventuelle Varianten werden dargelegt.
Eignung:	In welcher Situation kann das Warming-up passen, wann lässt es sich am besten einsetzen.
Tipps zur Moderation und Setting-Gestaltung:	Hier finden Sie Ideen, Erfahrungen und konkrete Anleitungen, wie das Warming-up gestaltet, anmoderiert, wie bei Bedarf interveniert und reflektiert werden kann.
Achtung!	Unbedingt lesen, denn manche Warming-ups bergen Verletzungsrisiken. Wie diese aussehen und wie sie vermieden werden, wird hier beschrieben.

Der Name des Warming-ups

Die Namen, die ich hier angegeben habe sind die, wie sie in der Praxis und in der Literatur häufig verwendet werden. Ich möchte nicht ausschließen, dass Sie beim Durchlesen der Warming-ups auf ein oder auch mehrere stoßen, bei denen Sie sich sagen: »Das kenne ich, aber unter einem anderen Namen!«

In der Trainingsarbeit bin ich selbst des Öfteren in Situationen gekommen, in denen ein Kollege ein Warming-up vorschlägt, das ich vom Namen her nicht kenne. Während er es mir dann vorstellt, erinnere ich mich: »Ja, kenne ich doch, allerdings unter einem anderen Namen!«

Die Gründe unterschiedlicher Namensgebung können vielfältig sein. So sind zum Beispiel die Wurzeln von Warming-ups sehr breit gefächert. Genannt werden können hier unter anderem: Der Sportunterricht, New Games, meditative Entspannungsübungen, kooperative Spiele, die Erlebnispädagogik sowie die Umwelt- und Kulturpädagogik. Einen weiteren wichtigen Grund für unterschiedliche Namen sehe ich darin, dass es die meisten Warming-ups nicht erst seit diesem Buch gibt. Viele gibt es schon seit Jahren. In dieser Zeit kommen neue Regeln hinzu, einige fallen weg. So entwickeln sie sich mal mehr und mal weniger und so kann es auch zu abgewandelten und neuen Namen kommen. Außerdem können natürlich regional unterschiedlich gebrauchte Begriffe eine Rolle spielen. Ich hege daher nicht den Anspruch, den einzigen und richtigen Namen für die hier vorgestellten Warming-ups zu verwenden.

Wer hat die einzelnen Warming-ups erfunden?

Bei meinen Recherchen habe ich in einem Buch von Jörn Möller (1998) ein Foto von 1915 entdeckt. Das Foto zeigt 15 Männer im Sportunterricht, die gerade »Über das Rote Meer schwimmen«. Ohne es zu wissen bin ich vor drei Jahren das erste Mal über das »Rote Meer« geschwommen. Seither nutze ich das Schwimmen im Trockenen (wie es in der Beschreibung auch genannt wird) als Warming-up in Seminaren und Trainings. Damals habe ich es allerdings unter dem Namen »Das Förderband« kennen gelernt und es auch in diesem Buch unter diesem Namen beschrieben. Jörn Möller geht davon aus, dass das Spiel noch viel älter ist, als das Foto selbst. Einen »Erfinder« zu nennen ist nach J. Möller objektiv kaum möglich, genau wie in den 400 weiteren Spielen, die er erforscht hat und in vier Buchbänden beschreibt.

Zielsetzung

Warming-ups sind mehr als Spiel und Spaß. Gezielt eingesetzt können sie die Leistungsfähigkeit der Teilnehmer von Seminaren und Trainings steigern. Warming-ups können als Tool verstanden werden, mit dem Sie als Seminarleiter und Trainer den Lernerfolg der Teilnehmer zusätzlich fördern und damit auch den Erfolg Ihrer Veranstaltung. Mit diesem Tool können Sie unter anderem:

- Die Stimmung in der Gruppe steigern.
- Den Teilnehmern durch aktivierende Bewegungen eine wohltuende Abwechslung zur geistigen Arbeit bieten.
- Die Konzentration fördern durch Ruhemomente, aber auch durch herausfordernde Aufgaben.
- Die Besinnung des Teilnehmers auf sich und seine Umwelt stärken, indem Sie ihm die Möglichkeit geben, Sinne zu nutzen und zu entfalten.
- Die Kreativität aktivieren durch abwechslungsreiche und Fantasie fordernde Aufgaben.
- Die Gruppendynamik fördern, indem Sie den Teilnehmern die Möglichkeit geben sich näher kennen zu lernen, sich konstruktiv auseinander zu setzen, gemeinsam etwas zu leisten und Synergien zu entwickeln.
- Themenorientierte Interaktion in der Gruppe anregen.
- Teamwork üben durch Aktionen, die die Teilnehmer nur in Kooperation erfolgreich lösen können.
- Das Engagement der Teilnehmer steigern, indem Sie ihnen sehr komplexe und herausfordernde Aufgaben bieten, die aber letztendlich doch lösbar sind.
- Motivation aufbauen durch Erfolgserlebnisse.
- Die Teilnehmer unterstützen, sich auf Neues einzulassen durch ungewöhnliche und gleichzeitig spannende Aktionen.
- Den Teilnehmern Entspannung bieten durch besinnliche Momente.

Die hier vorgestellten Warming-ups haben unterschiedliche Schwerpunkte oder um bei dem Bild eines Tools zu bleiben: Die einzelnen Warming-ups sind alle zum »Aufwärmen«, sie haben aber verschiedene Funktionen. Entsprechend können sie unterschiedlich eingesetzt werden.

Teilnehmerzahl

In der Praxis liegen Trainings- und Seminargruppen bei einem Trainer bzw. Seminarleiter oft in der Größenordnung zwischen sechs und 20 Teilnehmern. Der größte Teil der hier vorgestellten Warmings-ups entspricht dieser Teilnehmerzahl.

Sollten Sie sich für ein Warming-up interessieren, aber mehr Teilnehmer haben als angegeben, muss es nicht heißen, dass Sie es nicht durchführen können! Während die Mindest-Teilnehmerzahl einfach zu definieren ist, sind die Maximalangaben meine subjektive Einschätzung. Für diese Einschätzung habe ich folgende Maßstäbe angesetzt:

● Die Zahlen sind darauf ausgerichtet, dass eine Person die Leitung des Warming-ups übernehmen kann,
● eine Person die Sicherheit der Teilnehmer gewährleistet und
● im Anschluss zumindest eine minimale Reflexion stattfinden wird.
● Nicht zuletzt ist die Anzahl der Teilnehmer auch immer eine räumliche und – wenn Material notwendig ist – auch eine materielle Frage.

Anders herum heißt es, wenn Sie beispielsweise in einem Trainerteam arbeiten, können Sie ein Warming-up auch für eine größere Anzahl Teilnehmer durchführen. Wenn Sie auf eine Reflexion oder die Gruppe auf Trainerkollegen aufteilen, ist dies ebenso eine Möglichkeit, mehr Teilnehmer als angegeben in die Übung einzubeziehen. Haben Sie zudem keine räumliche und materielle Begrenzung, können Sie durchaus mehr Teilnehmer mit einbeziehen.

Nicht zuletzt sind auch Sie gefordert einzuschätzen wie viele Teilnehmer das Warming-up verträgt. Zum Beispiel beim »Förderband«: Sich befördern zu lassen hat nicht nur mit Vertrauen in die anderen Teilnehmer zu tun, sondern ist auch nicht unbedingt das Angenehmste. Daher betrachte ich eine För-

> Bei Großveranstaltungen reicht ein Trainer in der Regel nicht aus. Die Teilnehmer werden daher auf mehrere Trainer verteilt, haben aber ansonsten das gleiche Programm. Daher bieten sich gemeinsame Warming-ups an. Ein gemeinsamer Start bevor es in die einzelnen Gruppen geht sowie ein gemeinsamer Abschluss vermitteln einen Zusammengehörigkeitssinn und ein motivierendes Zusammengehörigkeitsgefühl. So habe ich beispielsweise »Das Förderband« mit vier Teams und insgesamt 50 Teilnehmern durchgeführt oder den »Bullring« mit 130 Personen. Auch der »Kollegensitzkreis« kann als gemeinsamer Abschluss mit 60 Teilnehmern durchgeführt werden.

derbandlänge von ungefähr 15 m (entspricht etwa 60 Teilnehmern) als zumutbares Maximum. Der »Lauschangriff« bedarf – wenn er »Outdoor« durchgeführt wird – für den einzelnen Teilnehmer eine ruhige Umgebung ohne unmittelbaren Blickkontakt mit einem anderen Teilnehmer. Hierfür bedarf es viel Platz und auch Zeit, damit sich die Teilnehmer verteilen können. Die Teilnehmerfrage ist hier eng mit dem zur Verfügung stehenden Platz und der Zeit verknüpft.

Konstellation

Es werden hier Möglichkeiten vorgestellt, die einzeln, in Paaren, in kleinen Gruppen oder in der gesamten Gruppe durchgeführt werden. Einige Warming-ups beginnen einzeln oder in Pärchen und werden zum Schluss in der ganzen Gruppe durchgeführt, so zum Beispiel »Gemeinsam schaffen wir es!« oder »Gemeinsam mehr sehen!«.

In der Praxis habe ich die Erfahrung gemacht, dass eine identische Konstellation im Warming-up und in der anschließenden Seminar- oder Trainingsarbeit den Teilnehmern eine gute Gelegenheit bietet, sich auf die Arbeit einzustellen.

Dauer der Durchführung

Beachten Sie bitte, dass die hier angegebenen Zeiten Durchschnittswerte sind und lediglich die Zeit der Anmoderation und Durchführung angeben. Eine eventuelle Auswertung im Anschluss daran ist nicht enthalten. Die Auswertungen können in der Dauer nämlich ganz unterschiedlich ausfallen, je nachdem wie sie moderiert werden und wie viel es zu besprechen gibt.

Warming-ups sollten kurz sein, da sie nicht unmittelbar zum Lernstoff dazugehören und auch kurzfristig in die Veranstaltung eingesetzt werden können. Die Auswahl der hier vorgestellten Übungen und Projekte liegt zwischen drei und maximal 15 Minuten.

Material

Warming-ups sollen gerne nach Bedarf und spontan eingesetzt werden können. Daher habe ich Warming-ups ausgewählt, die wenig bis kein Material bedürfen. Wenn Material erforderlich ist, handelt es sich um Dinge wie beispielsweise ein Seil, eine Wolldecke oder Tücher zum Verbinden der Augen. Diese Gegenstände sind in der Regel im eigenen Haushalt zu finden und können im Notfall auch noch im Hotel oder Seminarhaus organisiert werden.

Warming-ups, die die Herstellung von Material erfordern, sind mit einem Sternchen, also mit *, markiert. Die Herstellung dieser Materialien ist sehr einfach und sind sie erst einmal angefertigt, können sie immer wieder eingesetzt werden. Die Anleitung dazu finden Sie jeweils unter dem nächsten Punkt.

Selbst hergestelltes Material

Lassen Sie sich bitte nicht abschrecken, wenn Sie lesen, dass Materialien angefertigt werden müssen. Die Warming-ups, die hier beschrieben werden und eine Herstellung von Material erfordern, sind es wert etwas Zeit zu investieren. Zudem sind die Materialbeschaffung und das Anfertigen einfach und kostengünstig. Nicht zuletzt können die Materialien, wenn Sie einmal gemacht sind, immer wieder verwendet werden.

»Der Herr der Ringe« ist ein Beispiel für ein Warming-up, dessen erforderliches Material aus fünf etwa 40 cm langen Rebschnüren besteht, die lediglich zusammengeknüpft oder verschweißt werden müssen. Die Herstellung dauert maximal fünf bis zehn Minuten und Sie haben ein sehr spannendes Warming-up, das Sie anschließend immer wieder einsetzen können.

Zu den aufwändigsten Basteleien gehört sicherlich der »Bullring«. Bei einer Größe von über 100 Teilnehmern müssen Sie mit einer Herstellzeit von einer Stunde rechnen. Er eignet sich daher kaum für einen spontanen Einsatz, wenn er noch gebastelt werden muss. Trotzdem zählt er für mich zu den besten Warming-ups, da er für ein breites Spektrum von 10 bis über 200 Teilnehmer in Frage kommt und zudem sehr symbolträchtig für die Teilnehmer ist. Der »Bullring« verbindet die Teilnehmer nach dem Motto: »Zusammen schaffen wir es!« oder »Wir arbeiten zusammen an einer Sache und können es gemeinsam schaffen!«.

Location

Im Bereich »Outdoor«-Training spricht man von »Location«, wenn es um das Gelände, den Raum, den Platz oder das Areal geht, auf dem das Training durchgeführt wird. Der Begriff wird hier synonym verwendet und beschreibt, wo das Warming-up durchgeführt werden kann und welchen Raum es bedarf.

Die meisten Warming-ups können sowohl im Freien als auch im Seminarraum veranstaltet werden. Zusammen mit dem geringen bis gar keinen Materialaufwand sind sie daher sehr mobil und flexibel einsetzbar. Einige wenige sind ausschließlich für den »Outdoor«-Einsatz geeignet, da sie viel Platz benötigen oder auch die Natur als Ruhe- und Besinnungsort nutzen.

Persönlich bevorzuge ich es, Warming-ups im Freien einzusetzen, auch wenn sie »Indoor« möglich wären. Alleine der Platzwechsel von drinnen nach draußen bringt für die Teilnehmer eine oft willkommene Abwechslung. Die Bewegung und die frische Luft fördern das Wohlbefinden, sodass die Teilnehmer anschließend energiegeladener an die Arbeit gehen können.

Vorbereitungsaufwand

Den Einsatz der Warming-ups plane ich nur sehr selten vor einem Seminar oder Training und wenn, dann meistens nur diejenigen für den Einstieg. Während einer Veranstaltung setze ich Warming-ups nach Bedarf der Teilnehmer ein und der ist individuell-, gruppendynamisch- und situationsabhängig. Um dieser Individualität des Moments gerecht zu werden, entscheide ich mich meist sehr kurzfristig für ein Warming-up, das ich für passend halte.

Daher ist es ein Vorteil, wenn der Aufwand für die Vorbereitung möglichst gering ist. Eine Zeit anzugeben wäre sehr subjektiv und könnte auf keinen Fall allgemein gültig sein. Die Zeit, die letztendlich aufgewendet wird, ist von vielen Faktoren abhängig. Diese Faktoren können sein: Kennen Sie das Warming-up bereits gut oder müssen Sie sich erst einlesen, bedarf es Material und muss dieses eventuell sogar vorbereitet werden, sind vielleicht Locations notwendig, die Sie noch nicht kennen und im Vorfeld erst abchecken müssen?

In der Seminar- und Trainingspraxis ist die Zeit in der Regel einer der wichtigen Faktoren. Damit das von Ihnen eingesetzte Warming-up auch zum Erfolg wird und nicht unerwartet Ihren Zeitrahmen sprengt, sollten Sie den bei den Übungen angegebenen jeweiligen Vorbereitungsaufwand beachten:

- **Small:** Für die Durchführung des Warming-ups müssen Sie maximal die Zeit rechnen, die Sie für das Durchlesen der Beschreibung benötigen. Material oder Location-Check sind nicht notwendig.
- **Middle:** Zusätzlich zu »Small« ist eventuell ein Einlesen, Materialbeschaffung oder ein Location-Check erforderlich.
- **Large:** Erfordert ein zusätzliches Einlesen, zudem verschiedene Materialien, die zusammengebastelt werden müssen sowie ein Location-Check.

Zeichnung

Die Zeichnungen zeigen typische Spielszenen aus dem jeweiligen Warming-up und dienen dazu einen schnellen Eindruck zu bekommen, wie es in Aktion aussieht. Bei einer verhältnismäßig umfangreichen Herstellung des Materials, wie beispielsweise »Der Herr der Ringe«, einer komplexeren Aufstellung zur Übung oder einer verzwickten Problemlösung für die Teilnehmer, wie beispielsweise bei »Das Berchtesgadener Mysterium« erhalten Sie eine zusätzliche Zeichnung, um den Einsatz möglichst einfach zu gestalten.

Anleitung

Die Anleitung zu einem Warming-up ist in der Regel kurz und leicht verständlich. Sie können sich schnell ein Bild von der Aktion machen und meistens auch gleich ohne Spickzettel anmoderieren.

Erfahrungen, Tipps und Ideen, wie das Warming-up gegenüber den Teilnehmern anmoderiert werden kann, finden Sie nach dem Punkt: Eignung.

Variationsmöglichkeiten

Es gibt viele Warming-ups, aber noch viel mehr Varianten. Einige werden hier vorgestellt. Sie können sich auf die Zielsetzung, Moderation und Settinggestaltung beziehen, aber auch auf die Teilnehmerkonstellation, Dauer, Material oder Location.

Ich bin schon öfter gefragt worden, ob es nicht langweilig wird, die gleichen Übungen wieder und wieder anzuwenden? Meine spontane und klare Antwort lautet »Nein!«. Als Trainer begleite und fördere ich Lernprozesse, diese Prozesse sind zwar identisch, aber es handelt sich immer wieder um unterschiedliche Teilnehmer. Entsprechend individuell lernen diese. Außerdem ist auch entscheidend, wo Sie sich im Lernprozess befinden und wie schnell Sie ihn durchlaufen. Meine Methoden und damit auch die eingesetzten Warming-ups müssen auf diese Weise immer wieder neu angepasst werden. So können Warming-ups beispielsweise durch Variationen, durch die Art und Weise wie sie anmoderiert und ausgewertet werden, auf die Teilnehmer abgestimmt werden. Warming-ups führe ich daher nie ganz identisch durch. Das macht die Arbeit als Trainer abwechslungsreich und herausfordernd.

Eignung

Warming-ups eignen sich hervorragend, um die Teilnehmer in Anfangssituationen auf die bevorstehende Arbeit anzuwärmen. Weniger bekannt sind Warming-ups während der Arbeit, zwischen zwei Veranstaltungsteilen oder als Abschluss. Dies ist sicherlich nicht der klassische Moment für ein Warming-up, aber ein Moment, in dem es mindestens genauso wertvoll wirken kann: Einen Arbeitsprozess zu initiieren ist nicht schwer, ihn aber am Laufen zu halten und zu einem erfolgreichen Abschluss zu führen kann umso schwerer sein.

Während einer langen, anstrengenden und konzentrierten Arbeit kann ein Warming-up eingesetzt werden, um den Teilnehmern wieder Energie, Schwung und Spaß zu geben. Eine Art »Warming-up again«. Zwischen zwei Veranstaltungsteilen kann ein Warming-up dazu dienen, den Teilnehmern die Möglichkeit zu geben, zur Ruhe zu kommen, abzuschalten, sich zu entspannen und sich auf Neues einzustellen. Dies ist dann eher eine Art »Cool down and warm up again«. Nicht zuletzt bieten sich einige als Abschlusspunkt einer Veranstaltung an. Dadurch, dass sie kurz sind, Spaß machen, positive Bilder vermitteln und »Aha«-Erlebnisse bieten, können sie als »Kick« dienen, das Erlernte aus Seminar und Training in die Praxis zu transferieren. Zudem sind oft die letzten Dinge einer Veranstaltung sehr einprägsam, sodass Sie so einen Schlusspunkt in Ihrer Veranstaltung setzen können, der den Teilnehmern positiv in Erinnerung bleibt. Also eine Art »Kick-off-Warming-up«.

Das Ziel vom »Aufwärmen« ist es, die Leistungsfähigkeit der Teilnehmer zu steigern. Dazu sollte das Potenzial von Warming-ups nicht einfach »verschossen« werden. Ein Warming-up »nur so« einsetzen, lässt die Teilnahme schnell zum »Spielchen« werden. Eine lustige Abwechslung, aber ohne große Wirkung auf die weitere Arbeit. Ebenso wirkt eine wilde Aneinanderreihung von Warming-ups weniger leistungsfördernd als vielmehr unseriös. Die Teilnehmer können sich dann schnell die Frage stellen: »Was hat das mit unserem Arbeitsthema zu tun?« oder »Ich bin doch nicht hier um zu spielen, dafür habe ich nicht bezahlt!«.

Der Einsatz von Warming-ups sollte im Rahmen der Veranstaltung dazu dienen, die Leistungsfähigkeit der Teilnehmer nach Bedarf zu steigern, um ein möglichst gutes Lernergebnis zu erzielen.

In Anfangssituationen liegt meist ein Bedarf vor. Typische Merkmale für diese Situationen sind (an)gespannte Teilnehmer und eine eher zurückhaltende Stimmung. Ein Warming-up kann hier auflockernd wirken und durch Spiel und Spaß die Stimmung heben. Für den Einstieg in eine Veranstaltung können Warming-ups daher gut im Voraus geplant werden.

Anders verhält es sich im Verlauf einer Veranstaltung. Wann und in welcher Situation ein Bedarf entsteht, ist meistens schwierig vorhersehbar, eine Vorausplanung ist daher auch entsprechend schwierig.

Als Vorteil empfinde ich es, verschiedene Warming-ups in petto zu haben, um diese an geeigneten Stellen einsetzen zu können. Typische Merkmale für einen entstehenden Bedarf sind zum Beispiel:

- Die Teilnehmer wirken unkonzentriert, müde und kraftlos.
- Die Atmosphäre wirkt unruhig, gespannt und nervös.
- Das Engagement ist ohne Elan.
- Die Stimmung ist weniger produktiv als vielmehr abschweifend.
- Die Zusammenarbeit ist wenig kooperativ und statt dessen eher konkurrenzorientiert.
- Die Teilnehmer wirken sehr harmonisch, setzen sich aber nicht konstruktiv auseinander, so dass es zwar leicht zu einem Ergebnis kommt, aber nur einem mittelmäßigen.
- Die Arbeit ist weniger ergebnisorientiert als vielmehr zerfahren und abschweifend.
- Es wird viel gesprochen und diskutiert, ohne dass es zu Resultaten kommt.
- Es kommen keine herausragenden Ergebnisse zu Stande, da es an Fantasie und Kreativität fehlt.

Die hier vorliegende Sammlung ist als Hilfe bei der Planung von Veranstaltungen gedacht, vor allem aber als Hilfsmittel in der Veranstaltung, um im Bedarfsfall schnell ein passendes Warming-up zur Hand zu haben. Dazu gibt es in den einzelnen Warming-up-Beschreibungen unter diesem Punkt einen Hinweis, in welcher Situation es sich zum Einsatz anbietet.

Tipps zur Moderation und Setting-Gestaltung

Hier finden Sie Ideen, Erfahrungen und konkrete Anleitungen, wie das Warming-up anmoderiert, bei Bedarf interveniert und reflektiert werden kann. Als Moderator eines Warming-ups haben Sie zumindest die Aufgabe es anzuleiten und abzuschließen. In einigen Fällen können Sie zu einer Intervention aufgefordert werden, um beispielsweise die Sicherheit der Teilnehmer zu gewähren oder beim Übertreten des Reglements. Dagegen ist es Ihnen überlassen, ob Sie nach dem Warming-up eine Reflexion beziehungsweise eine Auswertung durchführen.

Eine klare Antwort auf die Frage, wie am besten anmoderiert, interveniert und reflektiert werden kann, ist schwierig. Ziel sollte es sein, den Teilnehmern eine bestmögliche Lernsituation zu schaffen.

Pädagogische Ansätze sind bekanntlich unterschiedlich und ich habe nicht den Anspruch, hier das »non plus ultra« vorzustellen. Ich möchte jedoch einige Ansätze kurz vorstellen, die ich gerne und auch erfolgreich einsetze:

- **Event:** In dem Fall ist das Ziel auf Spaß und Bewegung reduziert. Dazu moderiere ich die Übung an und verpacke die Übung eventuell in ein Szenario. Ich greife nur dann ein, wenn die Sicherheit der Teilnehmer gefährdet ist. Eine Auswertung im Anschluss führe ich nicht.
- **Reflektives Handlungslernen:** Hier nutze ich die Lernmomente, die Erlebnisse und Erfahrungen der Teilnehmer aus dem Warming-up, um sie durch eine Auswertung für die folgende Arbeit nutzbar zu machen. Fragen können hier beispielsweise sein: »Wie war es?«, »Waren Sie mit dem Resultat zufrieden?«, »Was würden Sie anders machen, wenn Sie die Übung noch einmal machen würden?«
- **Frontloading:** Beim Anmoderieren bekommen die Teilnehmer bereits kleine Hinweise, was im Warming-up wichtig ist. Dies kann die Teilnehmer unterstützen, sich Gedanken für eine erfolgreiche Lösung zu machen. Diese Methode kann genutzt werden, wenn die Teilnehmer mit dem Schwerpunkt-Thema des Warming-ups Schwierigkeiten haben.
  - Das Problem Entscheidungen treffen, ist beispielsweise Thema im »Der Herr der Ringe«.
  - Das Problem Informationsaustausch finden Sie in »Blind Snake«.
  - Das Problem Verantwortung zu übernehmen, ist Thema in »Der Pendel« oder »Der Vertrauenslauf«.
  - Das Problem Kooperation und Kommunikation effizient zu praktizieren, ist Thema beispielsweise in »Die Rettungsinsel« oder »Der schwebende Bambusstab«.
- **Direktives Frontloading:** Auf die Knackpunkte des Warming-ups wird bereits direkt beim Anmoderieren hingewiesen.
  Beispielsweise kann bei der Übung »Blind geometrische Figuren bilden« die Anleitung lauten: »Bevor Sie sich jetzt an die Hände nehmen, die Augen schließen und von mir eine Figur vorgegeben bekommen, die Sie dann versuchen blind und ohne dabei die Hände zu lösen zu bilden, bekommen Sie von mir drei Minuten Zeit, sich Gedanken zu machen und sich auszutauschen, was bei dieser Übung schwierig sein kann und wie Sie die Schwierigkeiten in der Situation lösen könnten?«

Diesen Ansatz wende ich aber nur bei schwerwiegenden Fällen an, beispielsweise dann, wenn Teilnehmer sich sehr egoistisch verhalten oder Einzelne für das gesamte Team denken anstatt dass die Teilnehmer gemeinsam als Team fungieren. Denn darunter leidet in der Regel die Arbeitsleistung ebenso wie die schwächeren Teilnehmer. Ansonsten nimmt dieser Ansatz den Teilnehmern zu viel selbstständiges Erfahren und Lernen.

- **Reflektive Prozesssteuerung:** Manche Übungen werden nicht nur zum Schluss reflektiert, sondern auch zwischendurch. Sie können beispielsweise je nach Länge des Warming-ups und nach den Lernmomenten ein- bis zweimal zwischendurch reflektiert werden. Die Erfahrungen und die Ideen zur Optimierung können dann gleich im weiteren Verlauf umgesetzt und verbessert werden. Diese Vorgehensweise bietet sich zum Beispiel an bei »Blind Snake«, »Der schwebende Bambusstab« oder »Blind geometrische Figuren bilden«. Der Vorteil ist dann, dass eine positive Entwicklung schnell sichtbar wird. Der Nachteil dagegen liegt darin, dass die Erfahrungen nicht so lange nachwirken, da sie fast sofort ausgewertet werden.

Achtung!

Einige Warming-ups bergen Verletzungsrisiken. Wie diese aussehen und wie sie vermieden werden können, wird unter »Achtung!« beschrieben.

Die Risiken können reichen von Schürfungen, blauen Flecken über Fußverstauchungen bis hin zum Bänderriss – Verletzungen, die nicht nur dem Betroffenen sehr schmerzen können, sondern auch den Trainingsverlauf ungeplant verändern können. Die hier beschriebenen Warming-ups können alle auf ein akzeptables Restrisiko minimiert werden. Dazu sind keine speziellen Kenntnisse erforderlich jedoch ein umsichtiges Handeln. Gefahrenmomente der betreffenden Warming-ups werden daher eingehend beschrieben.

Zusätzlich sollten bei Warming-ups, die viel Bewegung bieten, Vertrauen und Verantwortung fordern, engen Körperkontakt erfordern und die Teilnehmer vor Herausforderungen stellt, folgende Regeln gelten:

- **Freiwillige Teilnahme:** Die Teilnahme am Warming-up sollte grundsätzlich freiwillig sein. Es kommt aber eher selten vor, dass ein Teilnehmer bereits vor dem Start »Nein!« sagt. Dazu ist der Charakter der Warming-ups zu spielerisch. Häufig merkt ein Teilnehmer erst in der Aktion, dass von ihm beispielsweise ein Vertrauen gefordert wird, das er vielleicht nicht oder noch nicht hat (vgl. beispielsweise kann dies der Fall sein bei »Das Förderband« oder »Das Pendel«). Oder es kann sein, dass es zuviel Überwindung kostet, die er in dem Moment nicht aufbringt (vgl. hierzu beispielsweise »Der Vertrauenslauf«). Ein »Nein« sollte hier jederzeit akzeptiert werden, vor allem auch von den anderen Teilnehmern!

- »**Safety first!**« Die Sicherheit geht in jeder Situation vor. Unterbrechen Sie ein Warming-up, wenn Sie den Eindruck haben, dass die Sicherheit beispielsweise aufgrund mangelnder Konzentration nicht mehr gewährleistet ist (aufpassen sollten Sie vor allem bei den Übungen »Der Vertrauenslauf« oder »Electric Fence«). Unterbrechen Sie auch dann, wenn auf Grund ausgelassener Stimmung der Sicherheitsaspekt zu kurz kommt.
- **Die Stopp-Regel** gibt Ihnen und jedem Teilnehmer jederzeit das Recht, jegliche Aktion sofort einzufrieren, das heißt, jeder ist bei dem Signal »Stopp« aufgefordert, unmittelbar die Handlung einzustellen. Die Regel ist vergleichbar mit einem »Time out« im Handball oder einer Art Notbremse. Dieses Stopp sollte in einem Warming-up nur im Notfall genutzt werden.
- **Gegenseitige Wahrnehmung:** Ich fordere die Teilnehmer gerne auf, nicht nur auf sich selber zu achten, sondern auch auf die Teilnehmer, die um einen herum sind. Dies erhöht die aufmerksamen Blicke und reduziert Gefahrenmomente.

Durch diese Regeln soll auch die psychische Sicherheit der Teilnehmer sichergestellt werden.

Die einzelnen Warming-ups

1. Das Förderband

Enger Körperkontakt, gegenseitige Verantwortung und viel Spaß bringt Dynamik in die Gruppe und bietet eine gute Grundlage für eine effiziente Zusammenarbeit.

Teilnehmeranzahl:	12–60 Personen.
Konstellation:	Gesamte Gruppe.
Dauer der Durchführung:	Bei 12 Teilnehmern ungefähr 10 Minuten.
Material:	Keins.
Location:	Drinnen wie draußen.
Vorbereitungsaufwand:	Small.

Anleitung

Die Teilnehmer bilden eine Gasse, indem sie sich in zwei Reihen gegenüber voneinander aufstellen. In den einzelnen Reihen stehen die Teilnehmer Schulter an Schulter. Die Teilnehmer strecken ihre Arme leicht angewinkelt aus. Dabei werden die Arme mit den Teilnehmern der gegenüberliegenden Reihe verzahnt, so dass eine Art Reißverschluss entsteht. Dieser Reißverschluss stellt das Förderband da.

Nun wird eine Person auf dem Förderband von einem zum anderen Ende transportiert. Dazu gehen die ersten zwei sich gegenüberstehenden Paare etwas in die Knie, um es der zu transportierenden Person zu ermöglichen sich auf das Förderband zu legen. Transportiert wird die Person nun indem die Teilnehmer in der Reihe ihre Arme auf und ab bewegen.

Variationsmöglichkeiten

Bei größeren Gruppen ab 40 Teilnehmer können auch zwei Personen gleichzeitig auf dem Band befördert werden. Damit verringern Sie die Durchführungszeit und Sie vermeiden, dass einige Teilnehmer längere Zeit nichts zu tun haben. Allerdings sollten Sie dann darauf achten, dass ein gewisser Rhythmus eingehalten wird, damit kein Chaos entsteht.

Eignung

Das Förderband wende ich häufig an, um nach einer längeren Pause (beispielsweise nach einer Übernachtung zwischen mehreren Veranstaltungstagen) wieder in die Arbeit einzusteigen. Es macht in der Regel viel Spaß und gibt den Teilnehmern oft einen energiereichen Schub .

So nutze ich es beispielsweise gerne bei einer mehrtägigen Veranstaltung, um die Teilnehmer zum Start am Morgen in den Seminarraum zu befördern. In dieser Situation empfange ich die Teilnehmer bereits vor dem Seminarraum, lasse das Förderband so aufstellen, dass die beförderten Personen durch die Tür gereicht werden und so in den Seminarraum gelangen.

Tipps zur Moderation und Setting-Gestaltung

Das Warming-up bedeutet engen Körperkontakt und erfordert vom Einzelnen Vertrauen in die anderen Teilnehmer. Stellen Sie beim Anmoderieren daher sicher, dass sich alle freiwillig befördern lassen.

»Safety first!«: Die Aktion macht viel Spaß, die Sicherheit darf dabei jedoch nicht vergessen werden. Machen Sie die Teilnehmer nicht nur beim Anmoderieren darauf aufmerksam, intervenieren Sie auch, wenn die Konzentration droht, sich zu verflüchtigen.

Achtung!

Vorsicht beim Besteigen des Förderbandes und beim Verlassen. Lassen Sie die zu befördernde Person nicht auf das Förderband springen. Die ersten vier Personen der Reihe gehen etwas in die Knie, sodass sich die zu befördernde Person auf das Band legen kann. Beim Absteigen sollten immer zuerst die Füße abgelassen werden, um einen ungewollten Fall zu vermeiden. Bei schweren Teilnehmern sollte nochmals extra gewährleistet werden (durch erhöhte Konzentration und engeres Zusammenstellen), dass der Teilnehmer nicht durch das Förderband bricht.

Als wichtig empfinde ich es, das Förderband erst dann einzusetzen, wenn sich die Teilnehmer bereits kennen oder mindestens bereits einen Tag zusammengearbeitet haben: Denn sich auf den Armen befördern zu lassen bedeutet, sich auf andere zu verlassen und vor allem auch Körperkontakt zuzulassen. Dazu bedarf es Vertrauen, ohne das einige wahrscheinlich überfordert sind und nicht teilnehmen.

2. Der Kollegensitzkreis

Ein Teilnehmer stützt einen anderen Teilnehmer und wird wiederum von einem anderen gestützt. Mit viel Spaß wird hier Teamgeist gezeigt und Zusammengehörigkeitsgefühl gestärkt.

Teilnehmeranzahl:	8 bis beliebig viele Personen.
Konstellation:	Gesamte Gruppe.
Dauer der Durchführung:	3–5 Minuten.
Material:	Keins.
Location:	Drinnen wie draußen.
	Soviel Platz, dass sich die Teilnehmer in einem Kreis aufstellen können.
Vorbereitungsaufwand:	Small.

Anleitung

Bitten Sie die Teilnehmer, sich im Kreis aufstellen, mit dem Gesicht zur Mitte. Nun fordern Sie die Teilnehmer auf, sich nach rechts umzudrehen, sodass sie den Rücken des Kollegen vor sich haben. Wichtig ist nun, dass die Teilnehmer so eng zusammenrücken, dass der Abstand zwischen den Teilnehmern nicht mehr als eine Schuhlänge beträgt. Nun bitten Sie die Teilnehmer, sich auf die Knie des dahinter stehenden Kollegen zu setzen.

Variationsmöglichkeiten

- **Die Teilnehmer loben sich gegenseitig.** Sobald die Teilnehmer sitzen, erläutern Sie die weitere Vorgehensweise folgendermaßen: »Nehmen Sie Ihre rechte Hand und klopfen Sie Ihrem Kollegen bzw. Ihrer Kollegin vor Ihnen auf die Schulter. Nun loben Sie ihn bzw. sie 30 Sekunden lang.« Gelobt werden kann beispielsweise für die erfolgreiche gemeinsame Arbeit.
- **Sitzend fortbewegen.** Sobald die Teilnehmer sitzen, geben Sie folgende Anweisung: »Versuchen Sie nun bitte sich in der Stellung, die Sie gerade einnehmen, im Kreis fortzubewegen!«

Eignung

Dieses Warming-up eignet sich besonders für folgende Seminarsituationen:

- **Der Kollegensitzkreis als Abschluss einer guten gemeinsamen Seminar- oder Trainingsarbeit.** Nach einer gemeinsamen Arbeit mit einem guten Lernergebnis für die Teilnehmer setze ich gerne den Kollegensitzkreis mit gegenseitigem Loben ein. Das Warming-up fungiert hier als Verstärker für die bisher erreichten Lernergebnisse der Teilnehmer. Gleichzeitig kann die Geste des Lobens in der ungewöhnlichen Runde Motivation für die weitere Zusammenarbeit der Teilnehmer geben.
- **Der Kollegensitzkreis als Einstieg in eine gemeinsame Arbeit oder als Einstieg in ein neues Thema.** Sich sitzend im Kreis zu bewegen, wie in Variante »Sitzend fortbewegen« beschrieben, funktioniert oftmals nicht, die Teilnehmer verlieren schnell das Gleichgewicht! In der Regel ist das mit viel Gelächter verbunden. In diesem Fall breche ich gerne ab, um die gute Stimmung zu nutzen und in die bevorstehende Arbeit überzuleiten.

Tipps zur Moderation und Setting-Gestaltung

Achten Sie darauf, wenn Sie zu Beginn die Teilnehmer bitten sich in einem Kreis aufzustellen, dass Sie dann nicht anmoderieren »bitte jetzt umdrehen!«. Geben Sie eine klare Anweisung, beispielsweise »alle bitte jetzt nach links umdrehen, sodass Sie den Rücken Ihres Kollegen bzw. Ihrer Kollegin vor sich haben!« So können Sie vermeiden, dass die Teilnehmer plötzlich wild durcheinander stehen.

Achtung!

Einzelne im sitzenden Kreis können leicht einmal das Gleichgewicht verlieren und landen auf dem Boden. Sollten Sie dieses Warming-up im Freien einsetzen achten Sie darauf, dass der Untergrund daher möglichst trocken ist.

3. Der Seilkreis

Die Übung funktioniert nur durch das Zusammenwirken aller Teilnehmer. Die Teilnehmer erleben so kurz, aber eindrucksvoll, was »Teamwork« heißt. Dies fördert das Teamdenken jedes Einzelnen.

Teilnehmeranzahl:	8–40 Personen.
Konstellation:	Gesamte Gruppe.
Dauer der Durchführung:	3–5 Minuten.
Material:	Bei 8–20 Teilnehmer ein 11 mm starkes Kletterseil. Bei 20–40 Teilnehmer zwei 11 mm starke Kletterseile (als doppeltes Seil verwenden). Länge pro Teilnehmer zirka 1 m.
Location:	Drinnen wie draußen möglich. Es sollte so viel Platz vorhanden sein, dass sich die Teilnehmer im Kreis aufstellen können.
Vorbereitungsaufwand:	Middle.

Anleitung

Knüpfen Sie ein Kletterseil zu einem Kreis und legen Sie den Seilkreis auf dem Boden aus. Bitten Sie nun die Teilnehmer, sich im Seilkreis in ungefähr gleich großen Abständen zu einem Kreis aufzustellen. Die Fersen der Teilnehmer stehen dabei direkt am Seil. Nun nehmen die Teilnehmer das Seil mit beiden Händen hinter ihrem Rücken auf und legen es an der Hüfte an. Die Teilnehmer lehnen sich jetzt langsam zurück und werden so durch die gleichmäßige Belastung des Seils gehalten.

Variationsmöglichkeit

Eine Variante ist es, die Teilnehmer außerhalb des Seilkreises aufstellen zu lassen mit dem Gesicht nach innen. Die Teilnehmer nehmen das Seil nun vor sich auf. Ist das Seil aufgenommen, können sich die Teilnehmer langsam nach hinten lehnen. Anschließend können Sie die Teilnehmer zusätzlich langsam in die Knie gehen und wieder aufrichten lassen.

Die Variante mag sich einfach anhören, fordert von den Teilnehmern jedoch Gleichgewicht und Abstimmung untereinander, um nicht auf dem Hosenboden zu landen.

Eignung

Am Seilkreis, wie er in der Anleitung beschrieben ist, nehme ich gerne selbst teil. Die Situation, wenn sich alle ins Seil gelehnt haben und sich langsam sicher fühlen gehalten zu werden, nutze ich gerne, um beispielsweise das weitere Programm vorzustellen.

Dieses Warming-up eignet sich zudem gut, um von einem theoretischen Teil in einen praktischen Teil überzuleiten. Sie können dies beispielsweise folgendermaßen vorbereiten, wenn Sie in einem Stuhlkreis arbeiten, legen Sie einen Seilkreis bereits unter den Stühlen aus, bevor die Teilnehmer in den Seminarraum kommen und Platz nehmen. Wenn Sie dann vom theoretischen in den praktischen Teil übergehen, fordern Sie die Teilnehmer auf, die Stühle zu entfernen, um dann die Übung durchzuführen.

Tipps zur Moderation und Setting-Gestaltung

Der Seilkreis kann schnell wackelig werden, wenn das Seil nicht von allen gleichzeitig belastet und zum Ende entlastet wird. Schaffen Sie daher eine konzentrierte Atmosphäre, um die Symbolkraft des Seilkreises wirken zu lassen.

Achtung!

Um die Sicherheit der Teilnehmer zu gewähren, nehmen Sie nicht irgendein Seil, sondern verwenden Sie ein mindestens 11 mm starkes Kletterseil. Diese haben, wenn sie nicht beschädigt sind, eine Reißfestigkeit von knapp zwei Tonnen! Bei 20–40 Teilnehmer nehme ich gerne zwei Seile und lege diese doppelt, um ganz sicher zu gehen, dass es bei Belastung nicht zu einem Seilriss kommt.

Knoten in einem Seil stellen immer Schwachpunkte da. Stellen Sie daher sicher, dass der Knoten, den Sie verwenden, um die Seilenden zu verknüpfen, auch mehreren hundert Kilo standhält und sich vor allem auch nach der Belastung wieder öffnen lässt! Als gut empfunden habe ich folgende Lösungen

- **Zum Zusammenbinden von zwei Enden:** Der Sackstich, der Weberknoten oder der Achter.
- **Eine Schlinge in einem verkürzten Seil:** Sackstich im Seil und ein gesteckter Achter am Seilende (läuft durch die Schlinge des Weberknotens).

Animierte Knoten finden Sie im Internet beispielsweise unter: www.Scoutnet.de/knoten/dektmenu.html.

4. Klick! Die menschliche Kamera

Die Teilnehmer können hier Ruhe tanken und ihre Gedanken sammeln. Gleichzeitig üben sie intensive Interaktion.

Teilnehmeranzahl:	4–26 Personen.
Konstellation:	Paare.
Dauer der Durchführung:	5–10 Minuten.
Material:	Keins.
Location:	Draußen spannender, aber auch im Seminarraum möglich.
Vorbereitungsaufwand:	Small bis Middle.

Anleitung

Teilen Sie die Teilnehmer in Zweier-Paare, bei einer ungeraden Zahl kann es eine Dreier-Gruppe geben. Einer der Partner schließt die Augen (bei einer Dreier-Konstellation zwei) und wird von der anderen Person durch den Raum beziehungsweise das Gelände geführt. Die sehende Person sucht sich während der Führung bis zu vier Bilder aus, die vom »blinden« Partner durch kurzes Augenöffnen »fotografiert« werden. Die sehende Person kann die menschliche Kamera durch Körperkontakt in verschiedene Positionen dirigieren. So kann beispielsweise durch In-die-Hocke-gehen eine Froschperspektive eingenommen werden oder eine Vogelperspektive, indem die menschliche Kamera auf einen Gegenstand, beispielsweise einen Stuhl, gestellt wird.

Außer der Perspektive können zudem verschiedene Objektive gewählt werden: Ein Weitwinkel beispielsweise für Landschaftsfotografien, ein Zoom für Tieraufnahmen oder ein Makro, um Details festzuhalten. Auch die Öffnungszeit sowie die Verschlusszeit kann »eingestellt« werden, sodass beispielsweise zwischen langen und kurzen Öffnungszeiten gewählt werden kann.

Diese Einstellungen geschehen, indem der Sehende seinen Partner »einstellt«. Das bedeutet: Der Partner wird in die gewünschte Position geleitet und ihm werden Anweisungen zur Objektiveinstellung sowie zur Öffnungszeit gegeben. Ausgelöst wird durch den Sehenden mit einem deutlichen »jetzt fotografieren!« oder nur durch ein »Klick!«.

Ich lasse die Teilnehmer zwischen den einzelnen Fotos in der Regel nicht sprechen. Das erhöht die Sensibilität und Wahrnehmung speziell der »blinden« Person. Wer im Paar zuerst die Rolle der »menschlichen Kamera« übernimmt, überlasse ich den Paaren selbst. Den Zeitpunkt des Wechsels der Rollen gebe ich bekannt, damit die Teilnehmer sich ganz auf das Fotografieren konzentrieren können, ohne dabei auf die Uhr schauen zu müssen.

Im Anschluss an das Fotografieren lasse ich den einzelnen Teilnehmer im Plenum seine schönste Fotografie vorstellen. Dies stellt für die »Kamera« die Möglichkeit dar, Eindrücke nochmals zu reflektieren, während die Beschreibungen stets auf gespannte Ohren treffen.

Eignung

Die Teilnehmer sind nach diesem Warming-up eher ruhig, entspannt und konzentriert. Es bietet sich daher an, »die menschliche Kamera« einzusetzen, wenn es anschließend darum geht, Themen zu bearbeiten, die viel Konzentration und umsichtiges Denken erfordern.

Auch die Partnerarbeit wird hier gefordert und gefördert. Das Warming-up eignet sich daher bestens, wenn es im Programm mit Partnerarbeit weitergeht.

Tipps zur Moderation und Setting-Gestaltung

Steht Ruhe, Entspannung und Konzentration im Vordergrund, habe ich gute Erfahrungen gemacht, bereits in der Anmoderation ein Setting zu schaffen, das entspannend und ruhig auf die Teilnehmer wirkt. Dazu lasse ich mir beim Anmoderieren Zeit, spreche eher leise und nehme eine lockere Körperhaltung ein.

Während des Warming-ups sollten die Teilnehmer sich nicht um die Zeit kümmern müssen, das heißt, den Zeitpunkt zum Rollenwechsel sage ich an. Um den Wechsel anzukündigen, gehe ich gerne zu den einzelnen Paaren und gebe den Sehenden nonverbale Zeichen zum Wechsel. So initiieren die Paare den Wechsel selbst und ich störe die Ruhe nicht durch lautes Rufen.

Achtung!

Sich blind führen zu lassen fordert viel Vertrauen. Einen Blinden zu führen verlangt viel Verantwortung. In Gruppen, in denen sich eine Vertrauens- und Verantwortungsbasis noch nicht ausreichend entwickeln konnte oder die Basis auf Grund von Konflikten gestört ist, besteht die Gefahr, dass Teilnehmer das Warming-up abbrechen oder sich erst gar nicht darauf einlassen.

In Gruppen, die sich erst einige Stunden kennen, setze ich dieses Warming-up überhaupt nicht ein.

5. »Gemeinsam mehr sehen!«

Synergie durch Kooperation erleben und nutzen lernen.

Teilnehmeranzahl:	8–24 Personen.
Konstellation:	Einzeln, dann in Subgruppen, anschließend in der gesamten Gruppe.
Dauer der Durchführung:	12 Minuten.
Material:	Ein Flipchart, ein Stift.
Location:	Drinnen wie draußen;
Vorbereitungsaufwand:	Middle.

Anleitung

Zeichnen Sie 16 zusammenhängende Quadrate für die Teilnehmer gut sichtbar auf ein Flipchart. Geben Sie den einzelnen Teilnehmern eine Minute, um zu zählen. Fragen Sie dann die Ergebnisse ab und notieren Sie diese direkt auf das entsprechende Flipchartblatt. Anschließend bilden Sie Zweier-Paare und lassen auch diese eine Minute lang gemeinsam Quadrate entdecken. Die Resultate notieren Sie wiederum auf das Flipchartblatt. Bilden Sie in den weiteren Schritten ein Vierer-Team und anschließend ein Achter-Team. In der letzten Runde sollte die Gruppe in zwei Kleingruppen geteilt sein. Insgesamt sind nicht mehr als vier Runden zu empfehlen. Sollten Sie mehr als 16 Teilnehmer haben, bilden Sie am besten bereits nach der ersten Runde Dreier-Teams.

Das Resultat wird sein, dass in der ersten Runde einzelne Teilnehmer noch weniger als 20 Quadrate sehen. Diese Zahlen wird es zuletzt nicht mehr geben. Die einzelnen Teilnehmer entdecken unterschiedliche Quadrate. Durch den gegenseitigen Austausch von Entdeckungen, vermag der Einzelne letztendlich mehr zu sehen als er alleine im Stande wäre. Die Teilnehmer sehen dadurch in der dritten Runde meistens um die 30 Quadrate. Es geht hier nicht um richtig oder falsch, sondern darum, »gemeinsam mehr sehen«. Ich behalte mir daher auch hier vor, Ihnen die Entdeckung der Quadrate vorweg zu nehmen. Diese Übung erfordert eine Auswertung!

Eignung

Die Übung beinhaltet für die Teilnehmer wenig Bewegung, Abwechslung und auch weniger Spaß. Die Wirkung ist die, dass die Teilnehmer erleben, wie das Zusammenfügen von verschiedenen Blickwinkeln von unterschiedlichen Teilnehmern mehr entdeckt werden kann, als man vielleicht alleine jemals entdeckt hätte.

Die Teilnehmer erleben hier, wie verschiedene Ressourcen im Team genutzt werden können, um ein Ergebnis zu erreichen, das allein nicht möglich wäre. Dieses Warming-up bietet sich an, wenn die nachfolgende Arbeit darauf ausgerichtet ist, Ressourcen im Team zu nutzen, um zu einem Ergebnis zu kommen.

Tipps zur Moderation und Setting-Gestaltung

Geben Sie den Teilnehmern jeweils nicht mehr als eine Minute Zeit, die Quadrate zu zählen: Der Effekt ist höher, wenn die Teilnehmer nicht lange überlegen, sondern handeln, das heißt in diesem Fall: Zählen und sich austauschen.

Diese Übung sollte unbedingt ausgewertet werden, um den Teameffekt zu formulieren und sich bewusst werden zu lassen, wie es dazu gekommen ist. Diese Auswertung erhöht die Möglichkeiten für die Teilnehmer, den Effekt auch in anderen Arbeitssituationen zu nutzen. Eingeleitet werden könnte eine Reflexion beispielsweise mit den Resultaten der verschiedenen Runden: »Wenn ich mir die Resultate ansehe, fällt auf, dass Zahlen unter 20 Quadrate nur in der ersten Runde vorgekommen sind und sich in der letzten Runde um die 30 eingependelt hat. Wie ist es Ihrer Meinung nach zu dieser Steigerung gekommen?«. Es bietet sich auch an, einzelne Teilnehmer mit einer niedrigen Zahl in der ersten Runde zu fragen: »Wie ist es dazu gekommen, dass Sie zuerst nur 16 Quadrate gesehen haben und anschließend 30?« Weitere Transferfragen könnten lauten: »Sehen Sie Möglichkeiten, diesen Synergieeffekt auch in der anschließenden Zusammenarbeit zu nutzen? Wenn ja, wie könnte dieser Effekt genutzt werden?«

6. Der schwebende Bambusstab

Hier können die Teilnehmer eindrucksvoll erleben, wie wichtig eine klare Koordination ist, wenn mehrere Menschen ein gemeinsames Ziel anstreben. Ein »Aha«-Erlebnis, das sich positiv auf die Zusammenarbeit auswirkt.

Teilnehmeranzahl:	8–20 Personen.
Konstellation:	Gesamte Gruppe.
Dauer der Durchführung:	5–10 Minuten.
Material:	Eine Bambusstange, Länge je nach Anzahl der Teilnehmer (2 Teilnehmer benötigen zirka 50 cm, bei beispielsweise 10 Teilnehmer ist eine Länge von 2,5 m empfehlenswert), die Stärke mindestens 0,5 cm betragen. Ist in jedem Bauhandel erhältlich.
Location:	Drinnen wie draußen.
Vorbereitungsaufwand:	Middle.

Anleitung

Die Teilnehmer stellen sich in zwei Reihen Schulter an Schulter auf und bilden so eine Gasse, in der sie sich von Angesicht zu Angesicht gegenüberstehen. Die Teilnehmer winkeln nun ihre Arme an, bilden mit der Hand eine Faust und zeigen dann mit dem Zeigefinger auf den gegenüberstehenden Teilnehmer. Der Abstand ist so groß, dass die Zeigefinger sich mit dem Gegenüber im Reißverschlussverfahren verzahnen. Nun erst erhalten die Teilnehmer die Aufgabenstellung: »Ich werde nun gleich diese Bambusstange auf Ihre Zeigefinger legen. Ihre Aufgabe wird es dann sein, diese auf dem Boden abzulegen. Die einzigen Regeln, die es einzuhalten gibt sind, dass Sie zu keinem Zeitpunkt den Kontakt zwischen Ihrem Zeigefinger und der Bambusstange verlieren und die Bambusstange immer auf Ihrem Zeigefinger liegen sollte. Ein Einklemmen ist nicht gestattet. Wenn Sie die Stange so weit unten haben, dass Ihre Finger den Boden berühren, können Sie die Finger rausziehen, um die Stange endgültig abzulegen.«

Nun wird die Stange auf den Zeigefingern abgelegt und die Teilnehmer versuchen, diese auf den Boden zu legen. Das vermeintlich »Kinderleichte« der Aufgabe erweist sich meist schnell als Trugschluss: Die Bambusstange »schwebt« in die Höhe, denn keiner will den Kontakt verlieren. Es bedarf oft einiger Anläufe bis die Aufgabe gelöst ist.

Variationsmöglichkeiten

Die Schwierigkeit kann durch das Gewicht der Bambusstange variiert werden. Je leichter die Bambusstange desto schwieriger und umgekehrt. Eine 2 cm starke Bambusstange stellt einen Durchschnitt dar.

Als Variation zur Bambusstange kann eine Holzleiste verwendet werden. Auf der Leiste können zudem Gegenstände platziert werden wie beispielsweise Teelichter. Diese Variation macht das Warming-up spannender und echter. Gleichzeitig kann das Warming-up jedoch an »Aha«-Erlebnis verlieren, da die Konzentration der Teilnehmer in der Regel höher ist und die Stange nicht in die Höhe geht. Trotzdem erfordert es nach wie vor eine genaue Abstimmung, um die Stange ablegen zu können.

Statt Bambusstange und Holzleiste kann ebenso eine Zeltstange oder Lawinensonde verwendet werden.

Eignung

Das Warming-up fordert und fördert eine konzentrierte und kommunikative Zusammenarbeit. Daher ist es gut einsetzbar, wenn eine eher ruhige und konzentrierte Stimmung benötigt wird.

Tipps zur Moderation und Setting-Gestaltung

Sollte die Stange auch beim zweiten Anlauf nach oben schweben, greife ich gerne ein, in dem ich die Stange wieder zu mir nehme und die Teilnehmer frage: »Die Aufgabe hört sich doch einfach an, woran liegt es, dass Sie den Bambusstab nicht einfach auf den Boden legen können!?« Es kommen in der Regel viele richtige Antworten: Mangelnde Zusammenarbeit, zu wenig Abstimmung, Angst den Kontakt zu verlieren ... Meine nächste Frage ist dann: »Wie würden Sie jetzt beim nächsten Versuch vorgehen, um zum Erfolg zu gelangen?« Sobald die Teilnehmer eine Strategie entwickelt haben, gibt es einen weiteren Anlauf.

Durch die Intervention erhalten die Teilnehmer die Möglichkeit, ihr Vorgehen zu reflektieren und zu optimieren. Oft kommt es dadurch zum »Aha«-Erlebnis, indem die Teilnehmer feststellen, wie wichtig eine genaue Abstimmung sein kann.

Achtung!

Diese Übung birgt kaum körperliche Gefahren. Zwischen den Teilnehmern kann es jedoch schnell zu Schuldzuweisungen kommen: »Geh doch endlich mal runter, sonst wird das nie was!«. In solchen Situationen empfehle ich, das Warming-up nach der Durchführung kurz zu reflektieren, um den Zündstoff rauszunehmen, und damit das Warming-up bleibt, was es ist: Eine Möglichkeit körperlich wie mental in Bewegung zu kommen.

7. Verkehrschaos

Ordnung ins Chaos zu bringen erfordert von den Teilnehmern Strategien zu entwickeln und gemeinsam zu handeln. Jeder ist angehalten sich zu bewegen, sich helfen zu lassen und anderen zu helfen. Diese Übung fördert mit viel Spaß das kooperative Handeln der Teilnehmer.

Teilnehmeranzahl:	6–18 Personen.
Konstellation:	Gesamte Gruppe.
Dauer der Durchführung:	Je nach Teilnehmeranzahl und Variante 5–12 Minuten.
Material:	Bierbank, ab 11 Teilnehmer zwei Bierbänke oder Baumstamm oder Balken, auf dem die Teilnehmer sicher stehen können.
Location:	Drinnen wie draußen.
Vorbereitungsaufwand:	Middle.

Anleitung

Bitten Sie die Teilnehmer, sich auf einem Baumstamm (Balken oder eine nicht aufgeklappte Bierbank) aufzustellen. Die Teilnehmer sollten Schulter an Schulter stehen und in eine Richtung schauen. Nun erst moderieren Sie an und sagen, um was es geht: »Ihre Aufgabe ist es nun, sich auf dem Balken alphabetisch zu sortieren. Dabei ist der Anfangsbuchstabe Ihres Vornamens ausschlaggebend. Auf der linken Seite des Balkens soll »A« stehen und auf der Rechten das »Z«. Während des Ordnens ist kein Bodenkontakt erlaubt. Sollte es trotzdem zu einem Bodenkontakt kommen, heißt das für die betreffende Person, von ihrem Ausgangspunkt neu zu starten. Weitere Regeln gibt es nicht. Sollten Sie keine Fragen zur Aufgabe haben, können Sie jetzt anfangen!«

Variationsmöglichkeiten

Die Kriterien, nach denen sich die Teilnehmer sortieren können, sind vielfältig. Häufige Kriterien, die ich anwende, sind: Körpergröße, Geburtsmonat und Geburtstag oder Geburtsort (Dabei stellt eine Seite des Balkens den geografischen Norden dar und die andere den Süden). Sie können mit verschiedenen Kriterien auch mehrere Durchläufe starten.

Schwierigkeitssteigerung: Die Teilnehmer bekommen die Aufgabe und dürfen sich ab dann nicht mehr verbal verständigen, weder zur Planung noch zur Durchführung.

Schwierigkeitssteigerung: Der Durchmesser des Baumstammes (oder Balkens) hat Einfluss auf die Schwierigkeit. Je geringer der Durchmesser desto größere Ansprüche werden an den Gleichgewichtssinn und die Qualität der Zusammenarbeit der Teilnehmer gestellt.

Eignung

Das Verkehrschaos vereinigt viele Kennzeichen von Warming-ups. Dies sind unter anderem: Viel Bewegung, Spaß, Kooperation, Kommunikation, Geschicklichkeit und Körperkontakt. Zudem lasse ich Teilnehmer, die sich noch nicht näher kennen, nach Namen und Herkunft sortieren, um die Gruppendynamik zu fördern. Durch die Vielfalt der Kennzeichen und Möglichkeiten ist das Warming-up auch in vielen Situationen einsetzbar.

Tipps zur Moderation und Setting-Gestaltung

Besonders interessant ist es, zwei Durchgänge zu starten: Der erste Durchgang beispielsweise, um sich nach dem Anfangsbuchstaben des Vornamens zu ordnen und eine zweite Runde, um sich nonverbal nach Geburtsmonat und Tag zu sortieren. Dabei gebe ich den Teilnehmern nach dem ersten Durchgang die Möglichkeit zu einer kurzen Reflexion, beispielsweise mit den Fragen: »Was haben Sie als wichtig empfunden, um das Ziel zu erreichen?« oder »Welche Vorgehensweisen haben sich als erfolgreich erwiesen?«. Der zweite Durchgang ist in der Regel schneller und mit weniger Bodenkontakt, obwohl die Teilnehmer diesmal nicht verbal kommunizieren dürfen. Eine kurze Reflexion nach der zweiten Runde zielt dann darauf ab, was zu dieser Leistungssteigerung geführt hat. Fragen dazu können sein: »Was hat Ihrer Meinung nach zu dieser Leistungssteigerung geführt?« oder »Warum waren Sie im zweiten Umgang besser, was haben Sie anders gemacht?«

Dieses Vorgehen bewirkt oftmals ein »Aha«-Erlebnis für die Teilnehmer, das sich positiv auf die Zusammenarbeit in der Gruppe auswirkt, beispielsweise in Bezug auf gemeinsame Planung, Kooperation und Kommunikation.

Achtung!

Die sicherste Variante ist, eine nicht aufgeklappte Bierbank zu verwenden. Die geringe Höhe und die ebene Fläche bergen kaum ein Verletzungsrisiko. Zudem sind diese in jedem Hotel oder Tagungshaus leicht zu organisieren.

Baumstämme oder auch höher gelegte Balken bergen die Gefahr, dass Teilnehmer fallen können. Trotzdem verwende ich in der Praxis nach Möglichkeit Baumstämme (geeignete Balken sind in den seltensten Fällen vorhanden). Diese haben nämlich den Vorteil, dass sie durch ihre Höhe für den Teilnehmer einen gewissen ernsten Charakter darstellen, der zu mehr Konzentration und Umsichtigkeit führt. Zudem können verschiedene Durchmesser von Baumstämmen genutzt werden, um den Schwierigkeitsgrad zu variieren. Beim Verwenden von Baumstämmen sollte jedoch darauf geachtet werden, dass:

● die Teilnehmer sich bei einem schnellen und/oder unkontrollierten Abstieg nicht an umliegenden Gegenständen verletzen können (wie beispielsweise an anderen Baumstämmen, Steinen und Zäunen);
● der Stamm nicht rutschig ist (beispielsweise durch Nässe oder Schmutz);
● der Stamm sicher liegt und nicht wegrollen kann.

8. Die Zyklopen

Die Teilnehmer kommen hier schnell in einen heiteren Spielfluss. Ein Fluss, der viel Bewegung und Spaß bietet und eine entspannte, ausgelassene und motivierte Arbeitsstimmung fördert.

Teilnehmeranzahl:	8–20 Personen.
Konstellation:	Paare.
Dauer der Durchführung:	5 Minuten.
Material:	Keins.
Location:	Drinnen wie draußen. Spielfeldgröße entspricht ungefähr dem Innenkreis eines Stuhlkreises. Die Größe des Stuhlkreises orientiert sich nach der Anzahl der Teilnehmer.
Vorbereitungsaufwand:	Small.

Anleitung

Teilen Sie die Teilnehmer in Paare auf, bei einer ungeraden Teilnehmerzahl teilen Sie ein Dreierteam ein. Einer der Teilnehmer im Paar wird nun zum »Zyklop«, das heißt,

- er sieht nur mit einem Auge, indem er eines schließt.
- Die Sicht wird zusätzlich eingeschränkt, indem er seine Hände zu einem »Guck-Rohr« formt und es vor das sehende Auge hält.
- die Bewegungen sind steif. Um nach rechts und links zu schauen, muss er den ganzen Körper mit bewegen.

Die Aufgabe des Zyklopen ist es, mit den Einschränkungen seinen Partner zu fangen. Zuvor muss er sich jedoch noch zehn Mal mit verschlossenen Augen um die eigene Achse drehen. Ist der Partner gefangen, wechseln die Rollen und der Gejagte wird zum Jäger beziehungsweise zum Zyklopen.

Die Spielfeldgröße entspricht dem Innenkreis eines Stuhlkreises. Die Größe des Stuhlkreises orientiert sich an der Teilnehmerzahl, woraus sich gleichzeitig die Größe des Spielfeldes ergibt.

Eignung

Diese Übung ist sehr belebend. Ich setze sie daher gerne in Phasen ein, in denen die Teilnehmer träge wirken, beispielsweise am frühen Morgen oder bei langer einseitiger Arbeit oder auch nach dem Mittagessen. In solchen Situationen kann das Warming-up die Arbeitsdynamik, Konzentration und das körperliche Wohlbefinden fördern.

Tipps zur Moderation und Setting-Gestaltung

Sich gegenseitig fangen hört sich schnell nach einem Spiel an, das im Kindesalter Spaß gemacht hat, aber jetzt als Erwachsener? Ich vermeide deshalb die Begriffe »Spiel« oder »Fangspiel«.

Achtung!

Aus dem Warming-up ergeben sich gerne wilde Verfolgungsjagden, die Spielfläche sollte daher nach Möglichkeit frei, nach außen jedoch begrenzt sein. Haben Sie einen Stuhlkreis zur Verfügung bietet es sich an, dessen Innenkreis als Spielfeld zu definieren. So ist das Spielfeld automatisch von den Stühlen begrenzt und hat eine Fläche, die oftmals bereits frei ist.

Ist kein begrenztes Spielfeld zur Verfügung, definieren sie eines und achten Sie darauf, dass Gegenstände, die um das Spielfeld stehen – wie beispielsweise Stühle, Tische, Flipchart – in einen sicheren Abstand gebracht werden. Seien Sie während des Warming-ups jeder Zeit bereit, um gegebenenfalls eingreifen zu können.

9. Der Ring

Kreative Bewegungen werden von den Teilnehmern gefordert. Gleichzeitig haben sie Gelegenheit zu einem kurzen Statement, zum Beispiel können sie ihre Erwartungen in Bezug auf die bevorstehende Arbeit äußern. Die Übung kann auch gut als Vorstellungsrunde eingesetzt werden.

Teilnehmeranzahl:	6–20 Personen.
Konstellation:	Gesamte Gruppe.
Dauer der Durchführung:	Je nach Teilnehmerzahl 4–10 Minuten.
Material:	Eine Rebschnur oder ein Seilstück. Länge zirka 1,5 m, zu einem Ring geknüpft.
Location:	Drinnen wie draußen. Soviel Platz, dass sich die Teilnehmer im Kreis aufstellen können.
Vorbereitungsaufwand:	Middle.

Anleitung

Die Teilnehmer stellen sich im Kreis auf und fassen sich an den Händen, damit sich der Kreis schließt. Lösen Sie im Kreis an einer Stelle zwei Hände voneinander und hängen einem der zwei Teilnehmer das zum Kreis geknüpfte Seil über den Arm. Der Kreis wird nun wieder geschlossen.

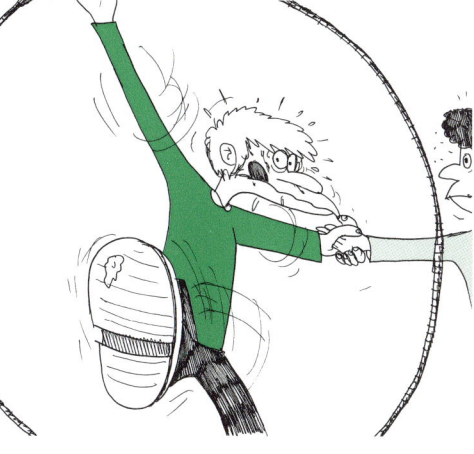

Aufgabe für die Teilnehmer ist es nun, das geknüpfte Seil einmal in Kreis wandern zu lassen, ohne sich dabei loszulassen. So wird ein Teilnehmer nach dem anderen versuchen müssen, durch den Ring zu steigen.

Das Durchsteigen des Ringes erfordert kreative Bewegungen, Kooperation und Hilfestellung zwischen den Teilnehmern. Während der einzelne Teilnehmer versucht, den Ring zu durchsteigen, kann er gleichzeitig aufgefordert werden, sich beispielsweise vorzustellen, Feedback zu geben oder auch ein Statement abzugeben.

Variationsmöglichkeiten

Die Länge des Seiles und die Stärke haben Einfluss auf die Schwierigkeit des Durchsteigens. Die Länge von 1,5 m stellt bei mir den Durchschnitt dar. Ist das Seil kürzer, wird es schwieriger, ein längeres Seil vereinfacht die Aufgabe. Ein stärkeres Seil, beispielsweise 11 mm, ist einfacher als eine Rebschnur von 5 mm. Achten Sie bei der Wahl der Schwierigkeit unter anderem auf die Konstitution Ihrer Teilnehmer, auch korpulente oder weniger bewegliche sollten die Chance haben, den Ring zu durchsteigen.

Eignung

Das Warming-up »Der Ring« setze ich gerne in Anfangssituationen ein, um den Teilnehmern die Gelegenheit zu geben sich vorzustellen. Dieser Rahmen ermöglicht einen lockeren Einstieg und verhindert in der Regel auch, dass sich die Vorstellungsrunde in die Länge zieht.

Ebenso kann das Warming-up eingesetzt werden, um von den Teilnehmern ein Feedback oder Statement einzufordern, beispielsweise zum bisherigen Verlauf der Veranstaltung oder zum Befinden des Einzelnen. Für komplexere Reflexionsfragen halte ich diesen Rahmen für zu locker und unergiebig.

Tipps zur Moderation und Setting-Gestaltung

An dem Warming-up nehme ich gerne selbst teil, da es mir die Gelegenheit gibt, in einem lockeren Rahmen wie die Teilnehmer beispielsweise zum Befinden eine Rückmeldung zu geben.

10. Der Sinnesparcours

Die Sinne werden aktiviert, Gedanken gesammelt und Entdeckungslust geweckt. Die Teilnehmer werden so vorbereitet, sich auf eine neue Arbeit umfassend vorzubereiten.

Teilnehmeranzahl:	1 bis beliebig viele.
Konstellation:	Einzeln, in Paaren oder in der gesamten Gruppe.
Dauer der Durchführung:	4–10 Minuten.
Material:	Augenbinden und eventuell eine mindestens 50 m lange Schnur.
Location:	Draußen, abwechslungsreiches Gelände, vorzugsweise Wald und im Sommer
Vorbereitungsaufwand:	Large.

Anleitung

Die Teilnehmer beschreiten mit verbundenen Augen und barfuß einen Parcours. Der Parcours führt die Teilnehmer über verschiedene Unterlagen wie beispielsweise Gras, Kiesel, Tannenzapfen, Laub, Äste und vielleicht durch einen kleinen Bach, auf jeden Fall sollte es viel zu ertasten geben. Der Parcours kann durch eine Schnur gekennzeichnet sein, an der sich die »blinden« Teilnehmer einer nach dem anderen, wie an einer Art Treppengeländer orientieren können. Ist keine Schnur zur Verfügung, können Paare gebildet werden, in denen ein »Sehender« einen »Blinden« führt. Während der Durchführung sollte nicht gesprochen werden, um den Tastsinn der Teilnehmer maximal zu fordern.

Sehr gute Erfahrungen habe ich bei diesem Warming-up gemacht, wenn die Teilnehmer den Parcours vorher nicht gesehen haben. Dies wird beispielsweise möglich, wenn:

● das Ziel vom Start nicht sichtbar ist (beispielsweise in einem eng stehenden Wald);
● Sie die Teilnehmer bereits mit verbundenen Augen zum Ausgangspunkt führen.

Variationsmöglichkeiten

● **Unterschiedliches Gelände.** Varianten ergeben sich zwangsläufig durch die unterschiedlichen Gegebenheiten des Geländes, es sei denn, es ist ein stationärer Parcours vorhanden. Da dies jedoch selten der Fall ist, habe ich in der Regel jedes Mal einen neuen Parcours gelegt. Wichtig empfinde ich es, den Teilnehmern einen abwechslungsreichen Parcours bereitzustellen. Dabei bietet ein Waldstück oft vielfältige Möglichkeiten, aber auch Seeufer oder Gartenanlagen eignen sich gut.
● **Variabler Verlauf der Orientierungsschnur.** Sollten Sie eine Schnur verwenden, die den Teilnehmern als Orientierung dient, wird diese am ehesten in der Höhe eines Treppengeländers angebracht. Variieren Sie die Höhe, lassen Sie die Schnur einmal höher laufen, damit sich die Teilnehmer strecken müssen. Lassen Sie die Schnur auch einmal so tief laufen, dass die Teilnehmer in die Hocke gehen müssen, um den Kontakt nicht zu verlieren. Diese kleine Variante »würzt« das Warming-up, indem es mehr Spannung und Spaß für die Teilnehmer birgt.

● **Als Einzel- oder Paaraufgabe.** Um den Entdeckergeist und den Tastsinn des Einzelnen zu fordern und zu fördern bevorzuge ich es, die Teilnehmer einzeln gehen zu lassen. In Paaren wird die Aufmerksamkeit des »Blinden« sehr auf das Führen des Sehenden gelegt, dadurch kommen dem Warming-up weitere Aspekte hinzu wie beispielsweise Führen, Vertrauen und Verantwortung.

Eignung

Ruhe, Entspannung, aber gleichzeitig Spannung durch Sensibilisierung der Sinne ermöglicht es den Teilnehmern, sich auf Neues einzustellen. Diese Übung eignet sich daher sehr gut, um ein Thema abzuschließen und in ein neues einzusteigen.

Achtung!

Gefahrenmomente können Äste in Gesichtshöhe sein sowie spitze und scharfe Gegenstände auf dem Boden. Achten Sie daher bei der Gestaltung des Parcours darauf, diese Gefahrenmomente zu umgehen oder zu beseitigen.

Wenn Sie eine Schnur als Orientierungshilfe verwenden, machen Sie die Teilnehmer bei der Anmoderation darauf ausdrücklich aufmerksam, dass diese Schnur nur zur Orientierung dient und nicht zum Festhalten! Möchten Sie eine Art Geländer installieren, dann verwenden Sie dazu ein sicheres Seil (beispielsweise ein 11 mm starkes Kletterseil). Zudem sollte das Seil sicher und in regelmäßigen Abständen von nicht mehr als fünf Meter befestigt werden. Achten Sie darauf, dass der Abstand zwischen zwei Teilnehmern nicht zu gering ist. Der optimale Abstand ist eine Person zwischen zwei Befestigungen.

11. Der Lauschangriff

In dieser Aufgabe ist es möglich Ruhe zu tanken, abzuschalten, Gedanken los zu lassen und sich für Neues zu öffnen. Dieses Warming-up eignet sich gut, um mit einem Thema abzuschließen und in ein anderes einzusteigen.

Teilnehmeranzahl:	1–25 Personen.
Konstellation:	Einzeln.
Dauer der Durchführung:	8 Minuten.
Material:	Einen Stift und eine Moderationskarte pro Teilnehmer.
Location:	Vorzugsweise im freiem Gelände.
Vorbereitungsaufwand:	Middle bis Large.

Anleitung

Ausgerüstet mit Stift und Moderationskärtchen werden die Teilnehmer im Gelände (beispielsweise Wald, Park, Garten, Wiese usw.) verteilt. Die Verteilung der Plätze sollte so sein, dass sie sich hinsetzen können, beispielsweise auf einen Baumstamm, einen großen Stein oder ins trockene Gras. Die Teilnehmer sollten auf ihren Plätzen so positioniert sein, dass kein unmittelbarer Blickkontakt zwischen ihnen besteht. Der weitere Verlauf ist nonverbal.

Aufgabe der Teilnehmer ist es nun, einen »Lauschangriff« auf ihre Umgebung zu starten. Alles was gehört werden kann, wird auf der Moderationskarte verzeichnet. Die vernommenen Geräusche werden nach folgendem Schema aufgezeichnet: Der Teilnehmer macht das Zentrum aus, die verschiedenen Geräusche werden nach Himmelsrichtung und Entfernung im Verhältnis zum Zentrum eingezeichnet.

Ich fordere die Teilnehmer gerne auf, das Gehörte nicht in Schrift auf der Moderationskarte festzuhalten, sondern eine entsprechende Zeichnung anzufertigen.

Variationsmöglichkeiten

Das Warming-up kann auch im Seminarraum durchgeführt werden, wenn es keine Möglichkeit gibt, nach draußen zu gehen. In dem Fall öffne ich meistens Fenster und Türen, damit die Wahrnehmung der Umwelt für die Teilnehmer nicht an den vier Wänden des Seminarraums endet. Damit sich die Teilnehmer etwas bewegen und es zu ein wenig Abwechslung kommt, bitte ich die Teilnehmer, ihre Plätze zu verlassen und sich im Raum zu verteilen.

Eignung

Den »Lauschangriff« setze ich gerne ein, um ein Thema abzuschließen und um in ein neues einzusteigen.

Sich aus dem Seminarraum zu begeben oder zumindest seinen Arbeitsplatz gegen einen anderen einzutauschen bringt Bewegung und Abwechslung. Sich auf Geräusche zu konzentrieren, die außerhalb der Seminar- oder Trainingsarbeit liegen, birgt für die Teilnehmer Ruhe, Entspannung und oft auch »Aha«-Erlebnisse, indem Dinge wahrgenommen werden, die durch konzentrierte Arbeit nicht gehört werden.

Sich nach außen öffnen, einen neuen Platz einnehmen, frische Luft atmen und Ruhe auf sich wirken lassen ist ein hilfreicher Weg, um in ein neues Thema einzusteigen.

Tipps zur Moderation und Setting-Gestaltung

Die besten Erfahrungen habe ich gemacht, wenn das Warming-up in einem Waldstück durchgeführt wird, das wild ist und nur in das wenige Spaziergänger vorbeikommen. Ein solcher Rahmen kann viel Ruhe bieten und lässt Raum »abzuschalten«, um dann anschließend mit frischen Gedanken und Energie an die Arbeit zu gehen.

Daher sollte die Umgebung im Vorfeld ausgekundschaftet werden. Sie sollten sich die Fragen stellen: Bietet der Platz wirklich die gewünschte Ruhe? Wo können einzelne Teilnehmer platziert werden? Wie viel Zeit muss für den Weg hin und zurück eingeplant werden?

Im Anschluss an diese Übung bietet sich eine kurze Auswertung an. Dazu bitte ich zwei Teilnehmer in Stichworten aufzuzählen, was sie gehört haben. Anschließend können die anderen Teilnehmer ergänzen, welche Geräusche sie gehört haben, die bisher noch nicht genannt wurden. Alle Teilnehmer berichten zu lassen wäre langwierig und mit vielen Wiederholungen verbunden.

12. Das Pendel

In diesem ruhigen Rahmen mit engem Kontakt zwischen den Teilnehmern kann Verantwortung und Vertrauen entwickelt werden. Dies fördert die Dynamik zwischen den Teilnehmern und unterstützt anschließende Kleingruppen- und Plenumsarbeiten.

Teilnehmeranzahl:	3–30 Personen.
Konstellation:	Dreiergruppe(n) oder Gruppen bis zu 10 Personen.
Dauer der Durchführung:	Je nach Teilnehmerzahl 5–12 Minuten.
Material:	Keins.
Location:	Drinnen wie draußen.
Vorbereitungsaufwand:	Small.

Anleitung

Die Teilnehmer bilden Dreier-Teams. Zwei Teilnehmer eines Teams stellen sich im Abstand von ungefähr einem Meter voneinander auf, mit dem Gesicht zueinander gerichtet. Der dritte Teilnehmer platziert sich zwischen den beiden und wendet sein Gesicht einem der beiden anderen Teilnehmer zu. Der Körper wird steif gehalten. Die Arme sollten am Körper anliegen oder über die Brust gekreuzt werden (für Frauen oftmals angenehmer). Die anderen beiden Teilnehmer strecken ihre Arme aus und zeigen ihre Handflächen nach vorne. Um einen sicheren Stand zu gewähren, sollten die Beine leicht versetzt sein. Nun lässt sich der Teilnehmer in der Mitte nach vorne fallen, wird sanft aufgefangen und nach hinten geschubst. Der Teilnehmer in der Mitte bewegt sich so wie ein Pendel hin und her. Der Abstand zwischen den beiden »Fängern« kann nach und nach vergrößert werden. Die Augen des Pendels sollten geschlossen sein. Das Öffnen der Augen kann als Zeichen zum Wechseln genommen werden.

Besonders intensiv habe ich dieses Warming-up erlebt, wenn während des Pendelns nicht gesprochen wird und auch auf Geräusche verzichtet wird.

Variationsmöglichkeit

Das Pendel kann auch in Gruppen von sechs bis zehn Teilnehmern durchgeführt werden. Dazu stellen sich die Teilnehmer in einen engen Kreis, Schulter an Schulter. Ein Teilnehmer stellt sich in die Mitte des Kreises. Nun verläuft das Warming-up wie in der Ursprungsform beschrieben.

Eignung

Das Pendel erfordert ein hohes Maß an Verantwortung und Vertrauen. Ein zu geringes Maß birgt im schlimmsten Falle die Gefahr, dass das Pendel nicht gefangen wird und stürzt. Kleinere Merkmale für mangelndes Vertrauen sind:

- dass das Pendel eher wild geschubst anstatt sachte gefangen und weiter gegeben wird;
- das Pendel nicht steif steht und fast mitläuft, um sich möglichst zu jeder Zeit selbst stützen zu können;
- und ein Großteil der Teilnehmer nicht als Pendel fungieren möchte.

Um dies zu vermeiden, sollten die Teilnehmer bereits mindestens einen Tag intensiv und in guter Atmosphäre zusammengearbeitet haben.

Das Pendel entwickelt sich oft zum »Kick«-Erlebnis in der Gruppe. Diesen positiven Schub nutze ich gerne, um die weitere gemeinsame Arbeit zu fördern. Die Übung eignet sich auch gut, um sie am Ende einer Veranstaltung durchzuführen: In diesem Fall wirkt das Erlebnis als eine Art Anker, als positiver Reminder an die geleistete Arbeit.

Tipps zur Moderation und Setting-Gestaltung

Bei der Durchführung des Pendels habe ich gelernt, beim Anmoderieren auf den Begriff »Schubsen« und »Pendel« zu verzichten, so nach dem Motto: »Fangen Sie das Pendel auf und schubsen Sie es weiter«.

Der Begriff Schubsen wird leicht mit einer hastigen Bewegung verbunden, sodass das Pendel eher schnell und fast ruppig hin und her gegeben wird. Günstigere Begriffe sind »weiterreichen«, »weitergeben« oder »das Pendel vorsichtig wandern lassen«. Der Begriff »Pendel« erscheint Ihnen vielleicht zu unpersönlich, sprechen Sie dann die Person in der Mitte mit Namen an: »Nehmen Sie Herrn ... sachte entgegen und reichen Sie Ihn vorsichtig weiter« oder »Nutzen Sie Ihre Arme als ein Puffer, indem Sie Frau ... ruhig auffangen und dann langsam weiterwandern lassen.«

Achtung!

Unfälle sind mir beim Pendel nicht bekannt, dafür aber eine Reihe »Beinah-Unfälle«. Die Gefahr ist, dass das Pendel nicht gefangen wird und stürzt. Die Verletzungsfolgen können sowohl körperlich als auch psychisch sein: Einerseits können blaue Flecken die Folge sein und anderseits kann das »nicht aufgefangen werden« zu einem Vertrauensbruch führen, der sich nachhaltig negativ auf die Arbeitsatmosphäre auswirkt. Um diese Gefahr auf ein akzeptables Restrisiko zu minimieren:

- sollten die Teilnehmer als Gruppe bereits eine gewisse gruppendynamische Reife entwickelt haben (wie oben angesprochen);
- sollte die Atmosphäre eher konzentriert als fröhlich ausgelassen sein;
- sollten die Teilnehmer in den Dreier-Teams und im größeren Kreis gleichmäßig verteilt sein, was Körpergröße und Kraft anbelangt.

13. Rückendeckung

Abwechslung, kreative und ungewohnte Bewegungen, enge Zusammenarbeit mit einem Partner sowie eine Portion Witz bringen die Teilnehmer in Schwung und setzen neue Kräfte frei für folgende Aufgaben.

Teilnehmeranzahl:	2–60 Personen.
Konstellation:	Paar(e).
Dauer der Durchführung:	6 Minuten.
Material:	Keins.
Location:	Draußen wie drinnen.
Vorbereitungsaufwand:	Small.

Anleitung

Zwei Teilnehmer stellen sich Rücken an Rücken. Zusammen geht das Paar nun los, in eine Richtung, der eine vorwärts der andere rückwärts. Dabei muss das Paar im ständigen Kontakt an Schultern, Rücken und Gesäß bleiben. Sobald sich das Team eingespielt hat, können Hindernisse in den Weg eingebaut werden, wie beispielsweise eine Treppe oder Hindernisse, die es zu übersteigen gilt. Weiter kann das Tempo variiert werden von langsamem Gehen bis hin zum Joggen.

Variationsmöglichkeiten

Zum Abschluss können die Teams gebeten werden zu versuchen, sich Rücken an Rücken auf den Boden zu setzen und wieder aufzustehen. Die Variante fordert zusätzlich gegenseitiges Vertrauen, eine gute Portion Balance und bringt zudem meist viel Spaß.

Eignung

»Rückendeckung« fordert und fördert die gegenseitige Wahrnehmung und Konzentration. Die Übung eignet sich daher gut, wenn in Zweierteams anschließend Ergebnisse erarbeitet werden sollen.

Zudem macht das Warming-up viel Spaß, bringt Bewegung und belebt die Kommunikation. Häufig setze ich es spontan ein, um Teilnehmern, die drohen müde und unkonzentriert zu werden, die Möglichkeit zu geben, noch einmal neuen Schwung zu sammeln.

Tipps zur Moderation und Setting-Gestaltung

Hindernisse und die Geschwindigkeitsvariation erwähne ich beim Anmoderieren nicht. Erst nach ein bis zwei Minuten, wenn sich die Paare aneinander gewöhnt haben, moderiere ich an, nun beispielsweise eine Treppe mit einzubauen oder das Tempo zu variieren.

Ebenso fordere ich die Teilnehmer erst zum Schluss auf zu versuchen, sich gemeinsam wieder hinzusetzen und wieder aufzustehen. So steigt der Anspruch und die Spannung bleibt erhalten.

14. »Gemeinsam schaffen wir es!«

Die Teilnehmer werden vor eine ungewöhnliche Herausforderung gestellt, die gegenseitige Abstimmung und eine sensible Wahrnehmung fordert. Die Metapher hierzu »Gemeinsam schaffen wir es!« wird auch leicht auf die folgende Arbeit übertragen.

Teilnehmeranzahl:	2–80 Personen.
Konstellation:	Paar(e), kleine Gruppen, gesamte Gruppe.
Dauer der Durchführung:	Je nach Teilnehmeranzahl 2–15 Minuten.
Material:	Keins.
Location:	Drinnen wie draußen.
Vorbereitungsaufwand:	Small.

Anleitung

In Paaren setzen sich die Teilnehmer Rücken an Rücken auf den Boden. Bei einer ungeraden Zahl bildet sich eine Dreier-Gruppe.

Nun versuchen die Paare wieder aufzustehen, ohne dabei den Rückenkontakt zu verlieren. Haben die Paare es geschafft, können sich Vierer-Teams, dann Achter-Teams und zum Schluss die ganze Gruppe zusammentun und versuchen, angelehnt aneinander vom Boden aufzustehen.

Eignung

Das Warming-up ist symbolträchtig und vermittelt dem einzelnen Teilnehmer: »Gemeinsam schaffen wir es!« oder »Gemeinsam können wir die nächste Aufgabe erfolgreich lösen!«

Ein solches Bild wirkt stärkend und motivierend für die Zusammenarbeit. Entsprechend kann es eingesetzt werden, um beispielsweise auf eine bevorstehende Teamarbeit und die Bearbeitung komplexer Aufgaben einzustimmen.

15. Der Deckenball

Eine Übung, die schnell zum ausgelassenen Spielen wird. Dabei können sich die Teilnehmer austoben, um einen körperlichen und geistigen Ausgleich zu finden. Das gemeinsame Agieren und Reagieren fördert die Interaktionen in der Gruppe.

Teilnehmeranzahl:	12–24 Personen.
Konstellation:	2 Gruppen arbeiten zusammen.
Dauer der Durchführung:	10 Minuten.
Material:	2 Decken, ein Wasserball.
Location:	Draußen, freie Fläche.
Vorbereitungsaufwand:	Middle.

Anleitung

Ein Team besteht aus sechs bis zwölf Teilnehmern, die sich um eine Decke verteilen und deren Rand festhalten. So werden zwei Teams aufgestellt, von denen ein Team einen Wasserball auf die Decke gelegt bekommt.

Um sich im Team einzustimmen und ein Gefühl für die Ballführung zu bekommen, kann der Ball erst einmal am Rand der Decke im Kreis gedreht werden, oder er wird senkrecht in die Luft geschleudert, um ihn dann wieder aufzufangen.

Haben sich beide Teams eingespielt, wird der Ball mit Hilfe der Decke hin und her geworfen.

Variationsmöglichkeiten

Der Ball kann auch senkrecht nach oben geschleudert werden und muss dann vom anderen Team aufgefangen werden. Noch interessanter und dynamischer wird der Deckenball, wenn während des Warming-ups ein zweiter Wasserball dazugegeben wird.

Eignung

Einen Wasserball mit einer Decke hin- und herzuspielen erfordert eine gute Koordination im Team. Die Kommunikation muss funktionieren, um die einzelnen Handlungen der Teammitglieder aufeinander abzustimmen.

Das Warming-up bringt auf diese Weise Dynamik in die Gruppe, fordert Bewegung und bringt in der Regel viel Gelächter mit sich. Oftmals entwickelt sich der Deckenball schnell zu einem ausgelassenen Spielen und Toben. Ein Effekt, den ich gerne nutze, um Teilnehmern einen Ausgleich zur sitzenden und konzentrierten Seminararbeit zu bieten. Ein Ausgleich, der Schwung und Kreativität fördert.

16. Der Herr der Ringe

Die Teilnehmer müssen eine komplexe Entscheidung im Konsens treffen. Zudem spielt Zeitmanagement eine entscheidende Rolle. Zwei Faktoren, die bei der Zusammenarbeit oft von bedeutender Wichtigkeit sind und hier im Vorfeld geübt werden können.

Teilnehmeranzahl:	6–16 Personen.
Konstellation:	Ganze Gruppe.
Dauer der Durchführung:	10–15 Minuten.
Material*:	5 etwa 40 cm lange und gleichfarbige Schnüre. Durchschnittlich 3–6 mm.
Selbst hergestelltes Material:	Eine der Schnüre wird durch das Verknoten der beiden Enden zu einem Ring. Durch diesen Ring werden die anderen vier Schnüre gezogen und zu jeweils vier einzelnen Ringen geknotet. Die Knoten sollten möglichst alle gleich sein. Wenn Sie Plastikschnüre zur Verfügung und Zeit haben, bietet es sich an, statt zu knoten die Seilenden mit einem Feuerzeug zu verschweißen. Dadurch bieten die Ringe weniger Anhaltspunkte und machen die Aufgabe für die Teilnehmer schwieriger. Das Material zum »Herr der Ringe« besteht also aus vier Seilringen, die durch einen fünften verbunden werden.
Location:	Drinnen wie draußen.
Vorbereitungsaufwand:	Middle.

Anleitung

Das Warming-up leite ich gerne ein, indem ich den Teilnehmern das Material zeige. Dazu nehme ich den Ring, der die vier weiteren verbindet, in die Hand und zeige es für alle ersichtlich in die Runde. Nun nehme ich alle Ringe in die Hand und »zerknülle« sie wie ein Stück Papier. Die Ringe ergeben nun ein unübersichtliches Wirrwarr an Schnüren. Dieses Wirrwarr lege ich den Teilnehmern nun vor, beispielsweise auf den Boden, in die Mitte eines Stuhlkreises. Die Aufgabe der Teilnehmer ist es, nun herauszufinden, welcher der Ringe die vier anderen verbindet. Dazu dürfen die Ringe nicht berührt werden. Zudem müssen sich die Teilnehmer auf einen Ring einigen. Die Einigung soll durch einen Konsens zu Stande kommen. Abstimmen oder »Kuhhandel« ist nicht gestattet.

Den Ring, den die Teilnehmer auswählen, nehme ich als Trainer dann auf um zu prüfen, ob es der richtige ist.

Variationsmöglichkeiten

Der Zeitfaktor ist in diesem Warming-up sehr interessant: Setze ich keinen Zeitrahmen, dauert es nicht selten bis zu zwölf Minuten, bis die Teilnehmer zu einer Lösung kommen. Setze ich einen Rahmen von sechs Minuten an, kommen die Teilnehmer auch innerhalb dieser Zeit zu einer Entscheidung. Die Trefferquote ist dabei interessanterweise die gleiche.

Folgende Kriterien ziehe ich bei der Entscheidung, ob ich einen Zeitrahmen gebe oder nicht, in Betracht:

- Welche Relevanz hat der Zeitfaktor in der Praxis der Teilnehmer. Bei einer großen Bedeutung setze ich einen Zeitrahmen, bei geringer Bedeutung keinen.
- Ist in der folgenden Trainings- bzw. Seminararbeit eher Effizienz und ein straffes Zeitmanagement gefragt oder eher ausgiebige Kreativität?
- Nicht zuletzt spielt die für mich zur Verfügung stehende Zeit eine wichtige Rolle.

Eignung

Dieses Warming-up setze ich meistens dann ein, wenn die Inhalte »Entscheidungsfindung«, »Zeitmanagement« und »Zusammenarbeit« auch in der folgenden Arbeit thematisiert werden. In dem Fall bietet »Der Herr der Ringe« mir als Beobachter und den Teilnehmern selbst die Gelegenheit, innerhalb weniger Minuten zu erleben, wie in der Gruppe ein Entscheidungsprozess gestaltet wird, wie zur Verfügung stehende Zeit organisiert wird und wie Kommunikationswege aussehen.

In einer anschließenden Reflexion erhalten die Teilnehmer durch gezielte Fragen die Möglichkeit, die im Warming-up gemachten Erlebnisse zu reflektieren. Dabei wird sowohl erfolgreiches als auch verbesserungswürdiges Verhalten und Handeln thematisiert, um die folgende Arbeit optimal anzugehen.

Tipps zur Moderation und Setting-Gestaltung

Dieses Warming-up entfaltet erst durch eine Reflexion seine volle Stärke. Dabei steht weniger das Ergebnis im Vordergrund, das heißt, wurde der richtige Ring gefunden oder nicht? Interessant ist vielmehr: Wie sind die Teilnehmer zu einer Entscheidung gekommen?

Dazu stelle ich mir bei der Beobachtung der Durchführung folgende Fragen:

- Wie werden verschiedene Meinungen zusammengefasst, wird wild durcheinander gesprochen, gibt es einen Wortführer oder existiert vielleicht eine unausgesprochene Redeordnung?

● Werden alle Meinungen beachtet, fühlt sich eventuell jemand übergangen?

● Wie wird zwischen verschiedenen Ansichten entschieden, gibt es einen Entscheidungsträger, halten sich andere eher zurück mit ihrer Meinung, um Auseinandersetzungen zu vermeiden? Greifen die Teilnehmer doch auf Mehrheitsentscheide zurück? Ist der Charakter eher desinteressiert »nehmen wir einfach den Ring, ist doch eigentlich egal!« oder gibt es einen Dialog?

● Wie managen die Teilnehmer eine vorgegebene Zeit? Kontrollieren sie die Zeit selbstständig oder läuft die Zeit aus, ohne dass sich die Teilnehmer dessen bewusst sind? Oder gibt es eine Zeitplanung? Beispielsweise vier Minuten das Wirrwarr erkunden, eine Minute die verschiedenen Meinungen sammeln und fünf Minuten Dialog und Fällen einer Entscheidung?

Anhand dieser Fragen und den dazu gemachten Beobachtungen orientiere ich die anschließende Reflexion.

17. Die Rettungsinsel

Sich näher kommen, gemeinsam kreative Ideen entwickeln und Spaß haben, sind die Themen. Gibt einen gemeinsamen energiereichen Schub für die weitere Arbeit.

Teilnehmeranzahl:	8–20 Personen.
Konstellation:	Gesamte Gruppe.
Dauer der Durchführung:	5–8 Minuten.
Material:	Eventuell eine Schnur oder ein Seilstück, mindestens 2,5 m lang.
Location:	Drinnen wie draußen.
Vorbereitungsaufwand:	Small.

Anleitung

Die Teilnehmer stellen sich so auf, dass sie so wenig Grundfläche wie irgend möglich brauchen. Dabei muss jeder Teilnehmer mindestens einen Fuß auf der betreffenden Fläche haben und die Teilnehmer müssen ihre Stellung gemeinsam zehn Sekunden halten, bevor das Resultat gilt. Die Fläche kann beispielsweise mit einer Schnur markiert oder – wenn sie Outdoor auf einen sandigen Untergrund durchgeführt wird – in den Sand gezeichnet werden.

Eignung

Diese Übung eignet sich besonders gut für einen Wiedereinstieg nach einer Pause. Dagegen verwende ich sie nie als Einstieg, da diese Übung eine gewisse Vertrautheit in der Gruppe voraussetzt.

Tipps zur Moderation und Setting-Gestaltung

Dieses Warming-up verpacke ich für die Teilnehmer gerne in ein Szenario: »Sie sind ein Unternehmen, das Rettungsboote herstellt. Sie haben vor einiger Zeit eine Anfrage von einem sehr attraktiven Auftraggeber bekommen. Er möchte ein Rettungsboot für zwölf Personen *(Anzahl Ihrer Teilnehmer nehmen)*, das von der Grundfläche so klein wie möglich ist. Das von Ihnen entwickelte Rettungsboot ist nun fertig und soll dem Auftraggeber präsentiert werden.«

Wenn Sie den Eindruck haben, das Team könnte noch enger zusammenrücken, können Sie das Szenario auch weiter spielen: Sie, als Vermittler zwischen Auftraggeber und den Teilnehmern als Hersteller, geben die Information an die Teilnehmer weiter »Der Auftraggeber hat von einem anderen Unternehmen ein Angebot erhalten, das im Umfang (beispielsweise) noch 20 cm kleiner ist! Können Sie dieses Angebot noch übertreffen?«

Achtung!

Wichtig ist die Regel, dass mindestens ein Fuß von jedem Teilnehmer auf der Fläche bleibt. Sie riskieren ansonsten, dass Teilnehmer sich auf die Schulter nehmen lassen; das kann zwar sehr amüsant sein, ist in dieser Konstellation jedoch eine sehr wackelige Angelegenheit!

18. Der Vertrauenslauf

Eine vermeintlich leicht erscheinende Übung, die sich jedoch für viele als Herausforderung herausstellt. Wer die Herausforderung annimmt, wird nicht selten mit einem »Kick«-Erlebnis belohnt. Ein Erlebnis, das Energien freisetzt, die auch die weitere Arbeit antreibt.

Teilnehmeranzahl:	10–24 Personen.
Konstellation:	Gesamte Gruppe.
Dauer der Durchführung:	Je nach Teilnehmerzahl 6–12 Minuten.
Material:	Keines.
Location:	Draußen.
Vorbereitungsaufwand:	Small.

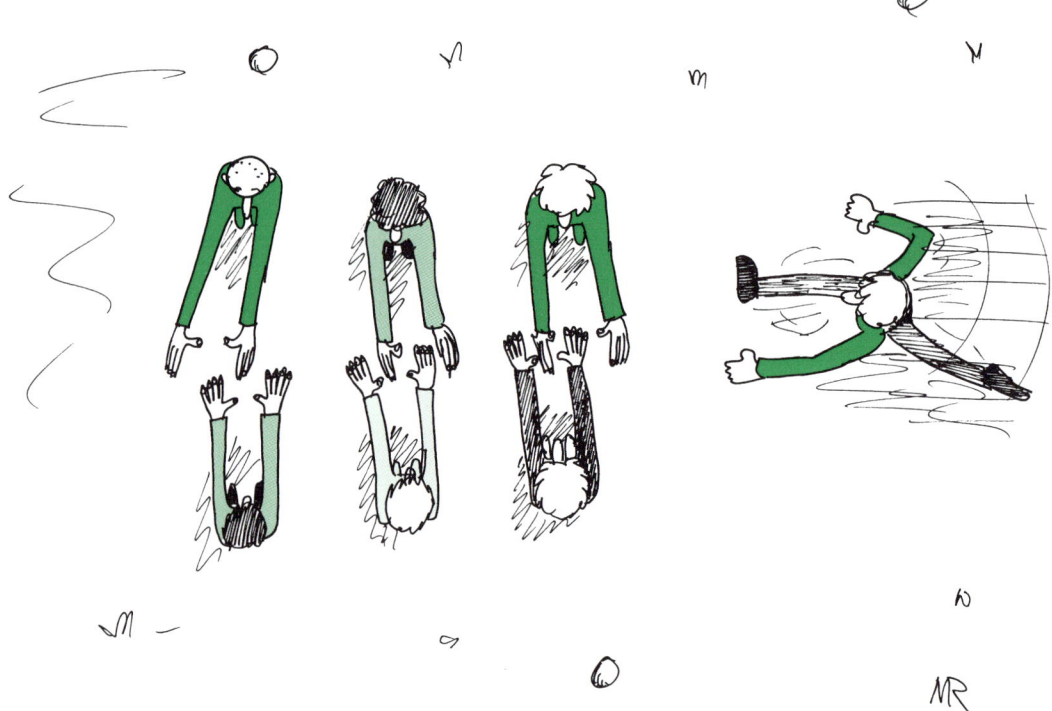

Anleitung

Die Teilnehmer bilden eine Gasse, indem sie sich in zwei Reihen Angesicht zu Angesicht gegenüberstellen. Der Abstand zwischen den zwei Reihen ist so groß, dass, wenn die Teilnehmer ihre Arme waagerecht ausstrecken, sie im Reißverschlussverfahren verzahnt werden können. Ein Teilnehmer stellt sich jetzt so auf, dass er mit Anlauf durch die verschränkte Gasse rennen kann. Die Arme in der Gasse werden erst im letzten Moment hoch genommen.

Die sehr einfach erscheinende Aufgabe erweist sich für den Läufer schnell als eine herausfordernde und spannende Angelegenheit: »Nehmen die anderen die Arme auch wirklich rechtzeitig hoch oder laufe ich dagegen?« Es kommt vor, dass einzelnen Läufern die Brisanz erst während des Laufens bewusst wird. Die Folge kann sein, dass aus dem Rennen ein Spazierengehen wird oder der Läufer sich soweit bückt, dass er unter den Armen durchläuft. In solchen Situationen biete ich gerne einen zweiten Durchgang an, um den Teilnehmern einen weiteren Versuch zu ermöglichen. Oft kommt die Bitte nach einer zweiten Runde von den Teilnehmern selbst. Mehr als zwei Durchläufe gewähre ich jedoch nicht, da die notwendige Konzentration bei wiederholtem Male nachlassen kann und damit das Risiko steigt, dass doch mal ein Arm zu spät hoch genommen wird.

Eignung

Wer die Herausforderung annimmt, wird oft mit einem Hochgefühl belohnt. Ein »Kick«, der sowohl den Einzelnen als auch den Teilnehmern als Gruppe einen positiven Schub geben kann. Diesen positiven Schub setze ich gerne ein, um die Teilnehmer beispielsweise nach einer Mittagspause wieder in Schwung zu bringen und für die weitere Zusammenarbeit zu motivieren.

Die Teilnehmer, mit denen der Vertrauenslauf durchgeführt wird, sollten sich kennen und bereits mindestens einen halben Tag zusammen gearbeitet haben. Ansonsten besteht die Gefahr, dass die Herausforderung schnell zur Überforderung wird. Diese Überforderung kann sich darin äußern, dass mehrere Teilnehmer beim Rennen abbremsen, sich ducken oder gar überhaupt nicht bereit sind zu laufen. Ein Warming-up, das die Teilnehmer überfordert, wäre kontraproduktiv und würde eher zum »Cool down« für die Stimmung in der Gruppe.

Tipps zur Moderation und Setting-Gestaltung

Zwischen dem Läufer und den Teilnehmern in der Gasse sollten klare Kommunikationsregeln gelten, um die Konzentration zu steigern und die Gefahr zu reduzieren, dass doch mal ein Arm in der Gasse unten bleibt. Diese Kommunikationsregeln können wie folgt aussehen:

- Der Läufer hat das Recht, die Gasse auszurichten, damit sie möglichst gerade steht.
- Kurz bevor der Läufer losrennt, fragt er die Teilnehmer in der Gasse: »Seit ihr bereit?«
- Die Teilnehmer in der Gasse antworten mit einem klaren »Ja« oder »Nein«.
- Ist die Antwort »ja«, gibt der Läufer das Signal: »Ich komme!« Erst jetzt rennt er los.

Als Moderator eines Warming-ups sehe ich mich als Hauptverantwortlichen, was die Sicherheit der Teilnehmer betrifft. In diesem Fall ist die Einhaltung der Kommunikationsregeln eine Möglichkeit, die Sicherheit zu erhöhen. Dazu platziere ich mich während der Durchführung gerne am Startpunkt des Läufers. Diese Position bietet mir einen guten Überblick über die Gasse und vor allem einen engen Kontakt zum Läufer. Diesen kann ich bei Bedarf darauf aufmerksam machen, die Kommunikationsfolge einzuhalten (welche bei der Anspannung des Läufers leicht vergessen werden kann) und ich kann den Läufer im Notfall am Losrennen hindern, wenn ich beispielsweise die notwendige Konzentration in der Gasse noch nicht sehe.

Achtung!

Der Vertrauenslauf verbirgt verschiedene Gefahrenmomente, denen jedoch gezielt vorgebeugt werden kann:

- Die offensichtlichste Gefahr ist, dass ein Teilnehmer aus der Gasse seine Arme zu spät nach oben bewegt und der Läufer in diese Arme hineinrennt. Mir ist ein solcher Fall nicht bekannt, aber er ist durchaus denkbar. Um einen solchen Fall vorzubeugen, ist es mir wichtig, dass die Teilnehmer in der Aktion voll konzentriert sind. Dazu achte ich fast penibel darauf, dass die Kommunikationsfolge eingehalten wird. Im Vorfeld des Warming-ups bitte ich die Teilnehmer, Armbänder, Ringe und Uhren abzunehmen. Sollte es trotz allem zu einem Unfall kommen, reduziert dies zumindestens die Verletzungsgefahr.
- Es kommt häufig vor, dass der Läufer seine Arme schwungvoll einsetzt, um schneller zu laufen. Das schwungvolle Bewegen artet dabei bisweilen in ein unkontrolliertes und ungewolltes Fuchteln aus. Dabei kann ein Teilnehmer in der Gasse leicht schmerzlich getroffen werden. Vorsorglich mache ich die Läufer daher darauf aufmerksam, die Arme möglichst eng am Körper zu halten.
- Plötzliches Rennen birgt die Gefahr von schmerzhaften Zerrungen. Bei Teilnehmern, die sich vorher kaum bewegt haben, beispielsweise am frühem Morgen oder nach der Arbeit im Seminarraum, bietet sich ein kleines sportliches Warming-up vor dem Warming-up an. Um Bänder aufzuwärmen bietet sich beispielsweise kurzes Joggen auf der Stelle an oder eine kurze Dehnübung für die Beinmuskulatur.

19. Discovery

Es werden die Sinne aktiviert, die Gedanken unterschiedlich auf sich selbst, die Umwelt und Details konzentriert. Weiter werden die Wahrnehmung, Konzentration und Ruhe gefördert. Ideal, um nach einer aktionsreichen Veranstaltungsphase wieder zu sich zu kommen, Luft zu holen, um in eine ruhigere Phase überzugehen.

Teilnehmeranzahl:	6–30 Personen.
Konstellation:	Paare.
Dauer der Durchführung:	15 Minuten.
Material:	Augenbinden.
Location:	Draußen, abwechslungsreiche und ruhige Umgebung.
Vorbereitungsaufwand:	Middle.

Anleitung

Die Teilnehmer bilden Zweier-Paare. Bei diesem Warming-up lasse ich die Teilnehmer gerne selbst einen Partner auswählen. Ein Teilnehmer führt nun den anderen, der durch eine Augenbinde »erblindet« ist. Der Sehende lässt den »Blinden« nun drei verschiedene Dinge entdecken. Dies können beispielsweise sein: Blumen, Baumrinde oder Steine. Entdeckt werden kann durch fühlen, riechen und eventuell auch hören oder schmecken. Anschließend bekommt der »Blinde« Zeit, die Dinge ohne verbundene Augen wieder zu finden. Sind die Dinge gefunden, wechseln die Rollen.

Variationsmöglichkeit

Das Warming-up gewinnt an Intensität, wenn nicht gesprochen wird, solange einer »blind« ist.

Eignung

Die Teilnehmer werden mit dieser Übung eingestimmt, um besser zur Ruhe zu kommen und Dinge einmal anders wahrzunehmen. Vor einer Plenumsarbeit oder als Tagesabschluss (wenn es am folgenden Tag weitergeht) ist sie ideal.

Tipps zur Moderation und Setting-Gestaltung

Bei diesem Warming-up entwickelt sich oft eine ruhige, aber auch spannende Atmosphäre: Der Sehende möchte dem »Blinden« möglichst interessante Dinge bieten, während der »Blinde« diese Dinge möglichst intensiv entdecken möchte, um sie anschließend auch wieder zu finden. Die oben angegebene Zeit einzuhalten ist daher eher schwierig und erfordert, dass Sie als Moderator den Zeitrahmen klar abstecken. Start, Wechsel und Ende sollten klar anmoderiert werden. Bei 15 Minuten bleiben drei Minuten, um »blind« drei Dinge zu entdecken und drei Minuten, um diese wieder zu finden. Manchmal reichen drei Minuten nicht aus, um die Dinge zu entdecken. Die Motivation des Suchenden ist jedoch hoch und es kann daher schwierig sein abzubrechen. Bei Zeitknappheit ist es daher einfacher, die Teilnehmer nur zwei Dinge entdecken zu lassen oder eben mehr Zeit einzuplanen.

20. Electric Fence

Die Teilnehmer erhalten hier die Möglichkeit als Team zu fungieren. So können sie sich auf bevorstehende Aufgaben einstimmen, die vor allem Kooperation erfordern.

Teilnehmeranzahl:	8–16 Personen.
Konstellation:	Gesamte Gruppe.
Dauer der Durchführung:	12 Minuten.
Material:	Ein Seilstück mindestens 5 m lang.
	Ein Gummiband mindestens 3 m lang.
Location:	Drinnen wie draußen.
Vorbereitungsaufwand:	Middle.

Anleitung

Die Teilnehmer stellen sich so eng wie nur möglich zusammen, dabei muss jeder beide Füße auf dem Boden behalten. Dann binden Sie die Teilnehmer zusammen, indem Sie ein Seil um den Teilnehmerpulk legen und verknoten. Das Seil sollte auf Hüfthöhe der Teilnehmer liegen. Nun ist es die Aufgabe der Teilnehmer, so verknotet wie sie sind, über ein Gummiband zu steigen, das in 50 cm Höhe gespannt ist. Das Gummiband ist »mit Strom gefüllt« und darf daher nicht berührt werden. Daher der Name »Electric Fence«. Eine Berührung kann unterschiedlich streng gehandhabt werden:

● Bei Berührung muss derjenige zurück, der es berührt hat.
● Berührt dieselbe Person das Gummiband dreimal, müssen auch diejenigen zurück, die das Gummiband bereits erfolgreich überquert haben.
● Summieren sich die Berührungen auf drei unabhängig davon, wer es berührt hat, müssen alle zurück, auch diejenigen, die bereits erfolgreich rübergekommen sind.

Die Aufgabe ist gelöst, wenn alle den elektrischen Zaun überstiegen haben.

Eignung

Für dieses Warming-up sollten die Teilnehmer bereits mindestens einen Tag zusammengearbeitet haben, da hier viel Nähe zwischen den Teilnehmern gefordert wird. Die Enge setzt auch eine gute Stimmung in der Gruppe voraus, um offen zu sein für diese Herausforderung. Ansonsten bringt dieses Warming-up vor allem Spaß und erfordert zwischen den Teilnehmern eine gute Abstimmung und Koordination.

Achtung!

Spannen Sie als elektrischen Zaun kein statisches Seil! Verwenden Sie ein Gummiband, damit verhindern Sie, dass der elektrische Zaun zum Stolperzaun wird! Als Moderator kann es günstig sein, sich während der Durchführung direkt am Gummiband zu positionieren. Sollte ein Teilnehmer fallen, dann am ehesten hier. An dieser Stelle können Sie daher am schnellsten eingreifen, um einen Fall zu vermeiden.

21. Partnerbalance

Balance und gegenseitiges Vertrauen wird von den Teilnehmern gefordert und gefördert. Die Übung bietet durch Bewegung einen Ausgleich zur geistigen Arbeit. Sie fördert so das körperliche und soziale Wohlbefinden. Sehr gut geeignet für zwischendurch.

Teilnehmeranzahl:	2–50 Personen.
Konstellation:	Paare.
Dauer der Durchführung:	5 Minuten.
Material:	Keines.
Location:	Drinnen wie draußen.
Vorbereitungsaufwand:	Small.

Anleitung

Zwei Teilnehmer stellen sich gegenüber voneinander auf. Mit leicht angewinkelten Armen legen Sie die Handflächen aufeinander. Nun gehen beide Teilnehmer langsam rückwärts, ohne dabei die Hände zu lösen. Das Gegengewicht des Gegenübers und ausgleichende Balance durch die aneinander gelegten Hände ermöglicht es dem Paar, sehr weit auseinander zu gehen.

Ist der äußerste Punkt erreicht, bleibt das Paar kurze Zeit so stehen, um sich dann wieder aufeinander zuzubewegen. Dies kann drei bis vier Mal wiederholt werden. Durch ein wachsendes Vertrauen und dem wiederholten Ausprobieren wird es dem Paar möglich sein, nach und nach immer weiter auseinander zu gehen.

Eignung

Dieses Warming-up eignet sich durch die geringe Dauer, den geringen Material- und Vorbereitungsaufwand gut für zwischendurch. Zudem bringt es etwas Bewegung und vor allem Abwechslung. Beispielsweise setze ich es ein bei längeren anstrengenden Gesprächen oder konzentrierten Gruppenarbeiten.

22. Balljongleure

Im Spielen können die Teilnehmer Kooperation und Spaß entwickeln, was sich positiv auf das Arbeitsengagement auswirkt.

Teilnehmeranzahl:	6–40 Personen.
Konstellation:	Gruppen à 6 Teilnehmer.
Dauer der Durchführung:	10–15 Minuten.
Material:	2 Luftballons pro Gruppe, davon einer als Reserve.
Location:	Drinnen wie draußen.
Vorbereitungsaufwand:	Middle.

Anleitung

Sechs Teilnehmer bilden ein Team. Ihre Aufgabe ist es, einen Luftballon so lange wie möglich in der Luft zu halten. Die Schwierigkeit dabei ist, dass die Teilnehmer einen Kreis bilden müssen und sich alle an den Händen halten.

Es bietet sich an, für jeden Ballkontakt einen Punkt zu geben. Fällt der Ballon auf den Boden oder der Kreis bricht auseinander, wird von vorne begonnen. So wird jedes Team versuchen, eigene Rekorde aufzustellen.

Variationsmöglichkeiten

Einer im Team kann angeben, mit welchem Körperteil der Luftballon beim nächsten Mal angenommen werden darf, beispielsweise nur mit dem Kopf, nur mit der Schulter und so weiter.

Die Teams können auch im Wettbewerb gegeneinander antreten.

Eignung

Dieses Warming-up bietet sich dann an, wenn eine Gruppe schon viel Spaß miteinander gehabt hat, dieser aber durch eine längere Pause unterbrochen war. Beispielsweise nach einer Übernachtung oder zwischen zwei Trainingsmodulen, die mehrere Tage oder sogar Wochen auseinander lagen. In dem Fall stellen die Balljongleure eine Möglichkeit da, die gewesene gute Stimmung unter den Teilnehmern wieder zu beleben. In anderen Fällen kann das Warming-up schnell als »Spielchen« abgetan werden.

23. Stand up!

Körperlicher Einsatz und Geschicklichkeit werden hier vom Einzelnen und von der Gruppe gefordert. Kurzes belebendes Warming-up für zwischendurch.

Teilnehmeranzahl:	6–20 Personen.
Konstellation:	Paare, Kleingruppen, eventuell ganze Gruppe.
Dauer der Durchführung:	10 Minuten.
Material:	Keines.
Location:	Drinnen wie draußen, trockener und eventuell sauberer Untergrund notwendig.
Vorbereitungsaufwand:	Small.

Anleitung

Zwei etwa gleich große Teilnehmer setzen sich einander gegenüber auf den Boden. Die Beine sind leicht angewinkelt, die Fußspitzen aneinandergestellt und die Teilnehmer halten sich an den Händen. Aufgabe des Paares ist es nun, sich gleichzeitig hochzuziehen ohne dabei den Fußkontakt zu verlieren. Dies fordert weniger Kraft als vielmehr gemeinsame Balance, Abstimmung und Koordination des gemeinsamen Handelns.

Variationsmöglichkeiten

Haben die Paare es geschafft, können zwei Paare zusammengehen und auf die gleiche Weise versuchen, zu viert aufzustehen. So können die Kleingruppen erweitert werden, bis die ganze Gruppe versucht, gemeinsam aufzustehen. Dies ist jedoch komplex und kann einige Versuche erfordern. Bei dieser Variante sollten mindestens zehn Minuten eingeplant werden.

Eignung

»Stand up!« eignet sich gut für zwischendurch, beispielsweise wenn Teilnehmer durch eine lange, anstrengende oder auch monotone Arbeit drohen, müde und unaufmerksam zu werden. Hier kann eine Pause angebracht sein oder eben ein Warming-up wie »Stand up!«. Es bietet nicht nur Abwechslung und Bewegung im Gegensatz zur sitzenden Tätigkeit, es ermöglicht zudem, sich konstruktiv auseinander zu setzen, um ein gemeinsames Ziel zu erreichen. Dadurch kann die Dynamik in der Gruppe gefördert und der Symbolcharakter für die gemeinsame Arbeit verstärkt werden.

Achtung!

Im Vorfeld sollten die Teilnehmer unbedingt Finger- und Armringe abnehmen! Sobald sich an die Hände genommen wird und durch die Aufwärtsbewegung Druck auf die Hände kommt, können Ringe schmerzhafte Druckstellen verursachen.

24. Standhalten

Diese Übung bietet sich als Möglichkeit an, einen körperlichen Ausgleich zur sitzenden Tätigkeit zu finden. Auch innerlichen Anspannungen kann so etwas Luft gemacht werde. Geeignet für zwischendurch, um dem Arbeitsprozess zu neuem Schwung zu verhelfen.

Teilnehmeranzahl:	2–20 Personen.
Konstellation:	Paare.
Dauer der Durchführung:	5 Minuten.
Material:	Keins.
Location:	Drinnen wie draußen, ebener Untergrund.
Vorbereitungsaufwand:	Small.

Anleitung

Die Teilnehmer erhalten hier die Möglichkeit, ihren Partner in einem symbolischen Kampf aus dem Gleichgewicht zu bringen. In der Ausgangssituation stellen sich die Teilnehmer mit etwa 25 cm Abstand einander gegenüber auf. Die Handflächen werden aufeinander gelegt und die Füße leicht versetzt auf den Boden gestellt, um einen sicheren Stand zu gewährleisten. Derjenige, der es schafft, den Partner aus dem Gleichgewicht zu bringen, kann einen Punkt für sich verbuchen. Jemand ist aus dem Gleichgewicht gebracht, sobald dieser seine Fußstellung verändern muss.

Eignung

Diese Übung lässt sich gut anwenden, um die Teilnehmer beispielsweise bei stockenden Verhandlungen, zähen Entscheidungsprozessen oder langwierigen und unergiebigen Diskussionen wieder zu beleben und Dynamik in die Auseinandersetzungen zu bringen.

Tipps zur Moderation und Setting-Gestaltung

In Situationen, in denen nichts weitergeht, unterbreche ich die Teilnehmer und setze einen Schnitt. Ich begebe mich dann auf eine Metaebene und spiegle den Teilnehmern, was ich in der Situation beobachtet und wahrgenommen habe. Beispielsweise sage ich: »Ich habe den Eindruck, dass wir uns im Kreis drehen und einer Entscheidung nicht näher gekommen sind. Um etwas Distanz zum Thema einzunehmen, um dann wieder mit neuer Energie einzusteigen, möchte ich gerne eine kleine Übung mit Ihnen machen ...«

Achtung!

Im Seminarraum sollten die Teilnehmer bei der Durchführung mindestens 1,5 m Abstand zu Stühlen, Tischen, Flipchart und sonstigen Materialien haben, um die Gefahr zu reduzieren sich zu verletzen, wenn ein Teilnehmer einmal unkontrolliert aus dem Gleichgewicht geraten sollte!

25. Blind Snake

Kommunikation und Verhalten als entscheidende Faktoren für den Kommunikationsfluss können hier erkannt und verbessert werden. Bietet sich an, wenn die folgende Arbeit entschieden von der Qualität des Informationsaustausches abhängt.

Teilnehmeranzahl:	4–10 Personen pro Schlange, es können mehrere Schlangen gebildet werden.
Konstellation:	Je nach Teilnehmeranzahl, Kleingruppen oder gesamte Gruppe.
Dauer der Durchführung:	15 Minuten.
Material:	Eine Augenbinde pro Teilnehmer.
Location:	Draußen abwechslungsreicher, drinnen nur bedingt möglich (siehe Anleitung).
Vorbereitungsaufwand:	Middle bis Large.

Anleitung

Die Teilnehmer stellen sich in Reihen auf und bekommen, bis auf den Ersten in der Reihe, die Augen verbunden. Dann legen die Teilnehmer die Arme auf die Schultern des Teilnehmers vor ihnen. Der Sehende geht nun voraus, während er durch Beschreibungen des Weges und Anweisungen, die »blinde Schlange« sicher eine Wegstrecke entlangführt.

Die Wegstrecke sollte für die Teilnehmer anspruchsvoll sein: Im Freien kann ein Parcours gewählt werden, der beispielsweise Hindernisse wie Baumstämme, einen kleinen Bach sowie Steigungen und Neigungen beinhaltet. Um drinnen einen abwechslungsreichen, spannenden und herausfordernden Parcours zu legen, ist ein Seminarraum meist nicht ausreichend. Zwar können hier Stühle und auch einmal ein Tisch überquert und umgangen werden, interessanter wird es jedoch, wenn auch eine Treppe und andere Räume miteinbezogen werden können. Die Führungsposition sollte nach einiger Zeit wechseln, damit alle einmal diese Position einnehmen können.

Variationsmöglichkeiten

In der Praxis schaue ich mir die Räumlichkeiten oder das Gelände, in dem die Übung durchgeführt werden soll, im Voraus an. Das ermöglicht es mir dann, während der Durchführung vorauszugehen, um der führenden Person einen möglichst spannenden Weg zu zeigen. Gerne beende ich die letzte Etappe dann im Seminarraum.

Eignung

Im Mittelpunkt steht hier das gemeinsame Erlebnis. Ein Erlebnis, das eher ungewöhnlich ist und daher auch besonders einprägsam. Solche gemeinsamen Erfahrungen verbinden eine Gruppe und lässt das weitere gemeinsame Vorgehen stärker werden. Dieses Warming-up bietet sich daher an, wenn es anschließend um Gruppenarbeit geht.

Weitere Schwerpunktthemen sind Führung und Kommunikation: Die Art und Weise, wie die sehende Person führt und Informationen weitergibt, ist entscheidend dafür, wie wohl sich die »Blinden« fühlen und wie sicher sie ans Ziel kommen. Es eignet sich gut, wenn es anschließend um einen präzisen Austausch von Informationen geht.

Tipps zur Moderation und Setting-Gestaltung

Die »Blinde Schlange« bietet für die Teilnehmer in der Regel viele Lernmomente. Diese Momente verpuffen zu lassen wäre schade, daher plane ich hier zehn Minuten für Reflexionsgespräche ein.

Solche Gespräche finden meistens nach der Durchführung statt. Bisweilen nutze ich auch den Moment, in der die Führung der Blind Snake wechselt, für kurze reflektierende und optimierende Gespräche. Typische Fragen, die ich hier anwende, sind beispielsweise »Welche Informationen waren für Sie als Blinde wichtig?«, »Welche Informationen hätten Sie für Ihre Sicherheit noch gebraucht?«, »Was hat Sie sicher fühlen lassen, was eher unsicher?«, »Wie war es für Sie zu führen, hätten Sie gerne mehr Rückfragen von den Blinden gehabt, um zu wissen, welche Informationen relevant sind?« Die Fragen haben das Ziel, den Informationsfluss laufend zu optimieren.

Achtung!

Oftmals erreichen Informationen, die vom Sehenden ausgehen, nicht das Ende der Reihe. Bei wichtigen Informationen, wie beispielsweise »Achtung! Ast in Kopfhöhe, bitte in die Hocke gehen und unten drunter durchlaufen!« kann das Folgen haben.

26. Bildermeditation

Meditation heißt hier für die Teilnehmer die Möglichkeit zur Ruhe zu kommen, Gedanken zu sammeln und Fantasie zu entwickeln. Zudem können unterschiedliche Wahrnehmungen in der Gruppe erlebt und als Potenzial erkannt werden.

Teilnehmeranzahl:	2–18 Personen.
Konstellation:	Gesamte Gruppe, Variante in Paaren.
Dauer der Durchführung:	10–15 Minuten.
Material:	Bild(er), je Teilnehmer ein Stift und Moderationskarte, eine Pinnwand mit Pinnnadeln.
Location:	Drinnen.
Vorbereitungsaufwand:	Middle.

Anleitung

Zeigen Sie den Teilnehmern ein Bild, Foto, Dia oder eine Zeichnung. Die Teilnehmer erhalten je nach zur Verfügung stehender Zeit fünf bis zehn Minuten, um über das Bild zu meditieren. Das Bild sollte die Gedanken und Fantasie anregen, eventuell auch zu einer Meinungsbildung auffordern. Diese Gedanken, Fantasien und Meinungen werden von jedem Teilnehmer auf eine eigene Moderationskarte notiert und anschließend präsentiert.

Variationsmöglichkeiten

Die Intensität kann durch mehr Zeit, beispielsweise 15–20 Minuten und Hintergrundmusik, gesteigert werden.

Sie können die Zeit auch verkürzen, beispielsweise lediglich zwei bis drei Minuten. Nach dieser Zeit sollten die Teilnehmer keine weiteren Notizen machen. Die einzelnen Ergebnisse werden dann präsentiert und verglichen. Hier werden für jeden Teilnehmer die unterschiedlichen Wahrnehmungen besonders deutlich.

Statt in der gesamten Gruppe kann die Bildermeditation auch in Paaren durchgeführt werden. Der anschließende Austausch über die unterschiedlichen Wahrnehmungen kann hier intensiver sein. Es entfällt aber das Erlebnis der vielen verschiedenen Sichtweisen.

Eignung

Die Auswahl der Bilder kann auf die weitere Zusammenarbeit abgestimmt werden, indem beispielsweise

- das Thema des Bildes zum folgenden Arbeitsthema hinführt.
- das Bild Fantasie, Ruhe und Kreativität weckt, die in der anschließenden Arbeit erforderlich ist.
- ein Bild viele Interpretationen ermöglicht, um zahlreiche Wahrnehmungen offen zu legen. Dabei ist keine der Wahrnehmungen als richtig oder falsch zu werten, keine gilt mehr als die andere. Ein solches Erlebnis kann die anschließenden Diskussionen oder die weiteren Plenumrunden effizienter werden lassen, indem unterschiedliche Meinungen mit mehr Respekt aufgenommen werden und eher als Potenzial begriffen werden.

Tipps zur Moderation und Setting-Gestaltung

Vom Setting her lasse ich die Teilnehmer im Halbkreis sich um das Bild hinsetzen. Meist lasse ich im Hintergrund eine dem Bild entsprechende Musik laufen. Für die Auswertung stelle ich, wenn möglich, eine Pinnwand bereit. Hier bitte ich die Teilnehmer anschließend, ihre Karte einer nach dem anderen aufzuhängen und die Notizen kurz zu erläutern. Je nachdem, für welches Thema die Bildmeditation ein Warming-up sein soll, kann ein anschließendes Gespräch entsprechend anmoderiert werden.

27. Das Berchtesgadener Mysterium

Das Mysterium stellt die Teilnehmer vor die Aufgabe, ein komplexes Problem zu lösen. Sie erhalten dadurch die Möglichkeit, einen Entwicklungsprozess bis zur erfolgreichen Lösung des Problems zu durchlaufen.

Teilnehmeranzahl:	4–16 Personen.
Konstellation:	Gesamte Gruppe.
Dauer der Durchführung:	Sehr unterschiedlich, einige 10 Minuten, andere bis zu 20 Minuten.
Material*:	21 Nägel (à ungefähr 20 cm Länge), ein Holzklotz.
Selbst hergestelltes Material:	Der Holzklotz sollte eine Mindestgröße haben von: Breite 12 cm, Tiefe 10 cm und Höhe 6 cm. Die Seiten müssen plan sein. Ins Zentrum einer der beiden großen Flächen wird ein Nagel gerade eingehämmert. Fertig.
Location:	Drinnen wie draußen.
Vorbereitungsaufwand:	Middle.

Anleitung

Die Problemstellung ist schon fast zu komplex für ein Warming-up und ähnelt schon eher einem konstruktiven Lernprojekt. Durch die kurze Dauer zähle ich es jedoch noch zu den Warming-ups.

Das Material, ein Holzklotz mit eingehämmertem Nagel, sowie 20 lose Nägel, werden an die Teilnehmer ausgehändigt. Die Aufgabe für die Teilnehmer ist es, die 20 Nägel auf den Kopf des im Holz steckenden Nagels zu platzieren!

Ein äußerst verzwicktes Problem, das ohne kleine Hinweise für Gruppen ein Mysterium bleiben kann. Kleine unterstützende Hinweise können zum Beispiel sein: »Die Konstruktion sieht gar nicht schlecht aus!« , wenn Sie eine Idee sehen, die zur Lösung führen kann oder »Die Idee, die Sie gerade hatten, war interessant!«, wenn eine gute Idee in der Gruppe wieder verworfen wird.

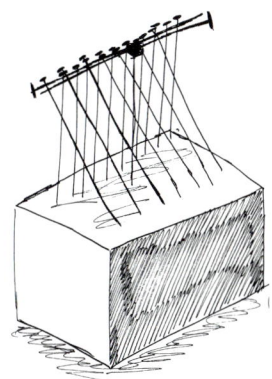

Eignung

In diesem Warming-up können die Teilnehmer als Gruppe erleben, wie ein Prozess zur Lösung eines Problems ablaufen kann: Ideen sammeln, verschiedene Ideen ausprobieren, weiterentwickeln, eventuell mit Misserfolgen umgehen, Erfolg haben und anschließend den Prozess analysieren. Die Erfahrungen aus dem Prozess können die Teilnehmer unterstützen, folgende Problemstellungen gezielter anzugehen.

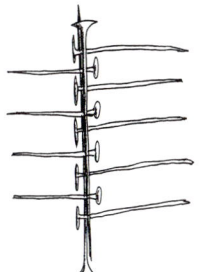

Tipps zur Moderation und Setting-Gestaltung

Die Aufgabe ist, wie bereits angedeutet, äußerst komplex. Wenn die Teilnehmer zur Lösung kommen sollen, kann es notwendig sein, sie durch kleine Hinweise oder auch Fragen zu unterstützen: »Die Idee, die Sie gerade ausprobiert haben, war gar nicht schlecht!«, »Sie kommen der Sache näher!« oder »Wieso arbeiten Sie nicht an der Idee weiter, sie sah ganz gut aus?!«

28. Das Streichholznest

Die Geschicklichkeit und Konzentration der Teilnehmer wird hier spielerisch gefordert und gefördert.

Teilnehmeranzahl:	3–5 Teilnehmer je Gruppe, mehrere Gruppen möglich.
Konstellation:	Je nach Teilnehmerzahl Subgruppen oder gesamte Gruppe.
Dauer der Durchführung:	10–15 Minuten (geben Sie den Teilnehmern eine feste Zeit vor, sonst kann es schnell länger dauern).
Material:	Je Gruppe eine Flasche und drei Packungen Streichhölzer.
Location:	Drinnen wie draußen.
Vorbereitungsaufwand:	Middle.

Anleitung

Drei bis fünf Teilnehmer setzen sich um eine geöffnete Flasche. Ausgerüstet mit drei Streichholzschachteln legt nun einer nach dem anderen ein Streichholz auf den Flaschenhals. Ziel ist es, möglichst viele Streichhölzer zu eine Art Nest aufzubauen.

Variationsmöglichkeiten

Um die Spannung zu erhöhen können Sie

- den einzelnen Teilnehmer vor dem Start schätzen lassen, wie viele Streichhölzer abgelegt werden können.
- das Streichholznest als Spiel anmoderieren: »Jeder von Ihnen hat zu Spielbeginn fünf Streichhölzer. Ziel ist es, diese Streichhölzer so schnell wie möglich los zu werden. Dazu kann einer nach dem anderen ein Streichholz versuchen abzulegen. Sollte einer durch das Auflegen eines Streichholzes die bereits aufgelegten Streichhölzer runterfallen lassen, muss er diese zu seinen eigenen dazu nehmen!«
- zwei oder mehrere Subteams gegeneinander spielen lassen.

Eignung

Diese Übung verwende ich meist als spielerische Auflockerung zwischendurch. Sie eignet sich jedoch auch ausgezeichnet für ein heiteres Spiel »After Training«, beispielsweise am Abend beim gemütlichen Beisammensein zwischen zwei zusammenhängenden Trainingstagen.

Tipps zur Moderation und Setting-Gestaltung

Haben Sie eine begrenzte Zeit für das Warming-up zur Verfügung bietet es sich an, den Teilnehmern eine feste Zeit vorzugeben: »Sie haben sieben Minuten Zeit, so viele Streichhölzer wie möglich auf dem Flaschenhals abzulegen. Fangen Sie bitte jetzt an!«

29. Der Jurtenkreis

Die Teilnehmer versetzen sich gegenseitig in Schwingung. Diese schwungvolle Energie nehmen die Teilnehmer auch in die nachfolgende Arbeit mit.

Teilnehmeranzahl:	12–30 (gerade Teilnehmeranzahl erforderlich!).
Konstellation:	Ganze Gruppe.
Dauer der Durchführung:	5 Minuten.
Material:	Keines.
Location:	Drinnen wie draußen, mindestens soviel Platz, dass sich die Teilnehmer im Kreis aufstellen können und 1 m freien Raum hinter sich haben.
Vorbereitungsaufwand:	Small.

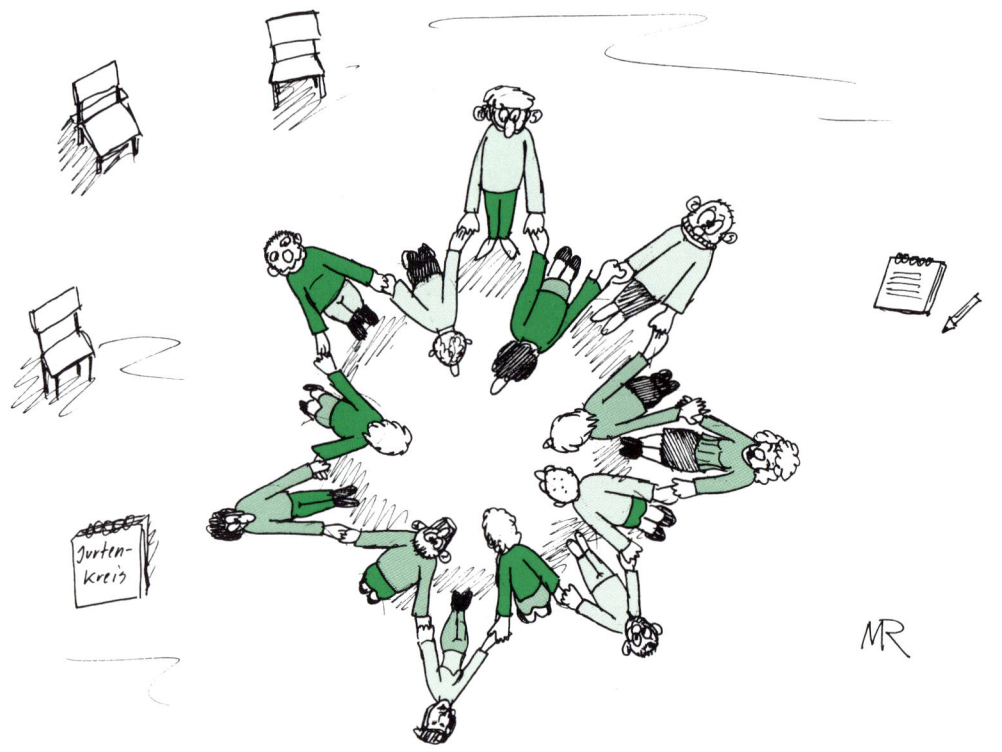

Anleitung

Zur Durchführung des Jurtenkreises (Rand: Jurte = rundes Filzzelt mittelasiatischer Nomaden) bilden eine gerade Anzahl Teilnehmer einen Kreis und fassen sich an den Händen. Nun wird durchgezählt: »1«, »2«, »1«, »2« und so weiter. Auf Signal lassen sich nun alle »1« nach hinten fallen und alle »2« nach vorne. Dann wieder auf Signal alle »1« von hinten nach vorne und alle »2« gegengesetzt.

Einen Rhythmus zu finden kann etwas schwierig sein, kommt es jedoch dazu, wird der Jurtenkreis zu einer sehr eigendynamischen Übung.

Eignung

Dieses Warming-up ist nicht spektakulär. Finden die Teilnehmer einen Rhythmus, versetzt es sie in Schwingung, eine kraftvolle Energie, die weit über das Ende des Warming-ups hinausreicht!

Tipps zur Moderation und Setting-Gestaltung

Mit einigen Gruppen funktioniert der Jurtenkreis auf Anhieb. Manchmal sind jedoch mehrere Anläufe notwendig und es gibt hin und wieder Gruppen, bei denen sich ein Rhythmus nicht einstellen will. Ein Rezept mit Funktionsgarantie ist mir leider nicht bekannt.

30. Blind geometrische Figuren bilden

Die Teilnehmer bekommen hier die Möglichkeit, eine intensive Interaktion und gegenseitige Wahrnehmung aufzubauen.

Teilnehmeranzahl:	12–20 Personen.
Konstellation:	Gesamte Gruppe.
Dauer der Durchführung:	5–10 Minuten.
Material:	Keines.
Location:	Drinnen wie draußen.
Vorbereitungsaufwand:	Small.

Anleitung

Um die Startposition einzunehmen stellen sich die Teilnehmer im Kreis auf, fassen sich an den Händen und schließen die Augen. Als Moderator geben Sie nun eine geometrische Form vor, wie beispielsweise ein Rechteck oder Dreieck. Für die Teilnehmer gilt es nun, sich als Gruppe in die vorgegebene Form aufzustellen. Der Kreis der Teilnehmer als auch die Augen der Einzelnen müssen dabei geschlossen bleiben.

Wenn die Teilnehmer zusammen der Meinung sind, fertig zu sein, können die Augen kurz geöffnet werden, um das Resultat zu kontrollieren. Anschließend können weitere Figuren folgen. Die Schwierigkeit der Figuren sollte sich steigern, beispielsweise Kreis, Dreieck, Quadrat, Stern und Halbmond.

Variationsmöglichkeiten

Der Schwierigkeitsgrad kann weiter gesteigert werden, wenn – während die Figur gebildet wird – nicht gesprochen werden darf.

Eignung

Es bietet sich an, den ruhigen Charakter des Warming-ups zu nutzen, um zum Beispiel in oder auch nach einer eher hektischen Arbeitsphase wieder zur Ruhe zu kommen, die zurückliegende Arbeit zu analysieren und das weitere Vorgehen zu planen.

Tipps zur Moderation und Setting-Gestaltung

Das Setting kann den ruhigen Charakter des Warming-ups unterstützen. So moderiere ich die Übung eher leise und langsam an und gebe den Teilnehmern anschließend genügend Zeit, um die Übung auszuführen.

31. Der Bullring

Die Teilnehmer bekommen hier die Möglichkeit, eine intensive Interaktion untereinander aufzubauen und üben, mit verschiedenen Sichtweisen in der Gruppe umzugehen. Kann überall dort eingesetzt werden, wo von den Teilnehmern anschließend kooperatives Arbeiten gefordert wird. Bietet sich auch als Abschlussaktion mit Großgruppen an.

Teilnehmeranzahl:	8–20 Personen. Sehr gut geeignet für größere Gruppen, wenn anschließend keine Reflexion durchgeführt werden soll. Die Übung ist symbolträchtig, indem sie Teamgeist und Teamwork vermittelt. Die Übung habe ich alleine mit 130 Teilnehmern durchgeführt und im Team mit etwa 220 Teilnehmern. Eignet sich in diesem großen Rahmen gut als Abschluss einer Veranstaltung.
Konstellation:	Gesamte Gruppe.
Dauer der Durchführung:	5 Minuten.
Material*:	Bei 12 Teilnehmern: 50 m lange Schnur, ein Tennisball, ein (Bull-)Ring mit 4–5 cm Durchmesser, 2 Rohrstücke mit mindestens 1 cm kleineren Durchmesser als der Ring bei ungefähr 20 cm Länge.
Selbst gefertigtes Material:	Bei 12 Teilnehmern eine Schnur von ca. 3,5 m Länge an den Ring knoten. Bei über 100 Teilnehmern beträgt die Länge der einzelnen Schnüre mindestens 7 m, der Ring wird durch eine Kette ersetzt, die zu einem Ring geschlossen wird. Der Tennisball wird durch einen Sitzball ergänzt. Der Umkreis der Kette ist so groß, dass der Ball darauf liegen kann, wenn die Kette angehoben wird. Je kleiner der Durchmesser je schwieriger die Aufgabe. Statt der zwei Rohrstücke können hier Eimer genutzt werden.
Location:	Draußen.
Vorbereitungsaufwand:	Large (wenn Material hergestellt werden muss).

Anleitung

Als Spielfeld bietet sich beispielsweise eine größere freie Grasfläche an. Stecken Sie die beiden Rohre in die Erde. Sie sollten sicher stehen, aber gleichzeitig noch mindestens 10 cm aus der Erde ragen. Der Abstand zwischen den beiden Rohren ist variabel und kann beispielsweise 20 m betragen. Über einen dieser in die Erde gesteckten Rohre wird der Bullring gelegt. An diesem Ring sind wie oben beschrieben so viele Schnüre geknüpft wie Teilnehmer. Die Schnüre werden sternförmig ausgelegt. Zum Schluss wird nun auf das Rohr ein (Tennis-)Ball gelegt.

Die Aufgabe der Teilnehmer ist es nun, dass jeder eine Schur nimmt. Durch gemeinsames Ziehen und Heben bewegt sich der Ring am Rohr nach oben. Am Ende des Rohrs angekommen, legt sich der Ball auf den Ring und die Teilnehmer können den Ball so tragen. Ziel ist es, den Ball auf dem anderen Rohr wieder abzulegen.

Auf diesem Transport darf der Ball natürlich nicht herunterfallen. Geschieht dies trotzdem, kann dies beispielsweise damit geahndet werden, dass vom Ausgangspunkt wieder neu begonnen werden muss oder dass ein Teilnehmer in seinen Handlungsmöglichkeiten eingeschränkt wird, indem er beispielsweise fortan nur einen Arm benutzen darf oder ihm der Sehsinn durch eine Augenbinde genommen wird.

Eine weitere wichtige Regel ist, das die Schnüre so straff gehalten werden müssen, dass sie auf keinen Fall den Boden berühren.

Variationsmöglichkeiten

Der Schwierigkeitsgrad kann variiert werden:

- Je größer der Ball im Verhältnis zum Ring wird, je wackeliger wird er darauf liegen und erfordert von den Teilnehmern entsprechend mehr Sorgsamkeit bei der Durchführung.
- Die Geländeform kann wechseln. Sie können, wie oben beschrieben, eine freie und ebene Fläche wählen. Dies ist die einfache Variante. Sobald das Gelände beispielsweise hügelig wird oder Bäume auf dem Weg von der einen zur anderen Stange stehen, wird es anspruchsvoller.

Eignung

Bei bis zu 20 Teilnehmern eignet sich dieses Warming-up als Einstieg oder auch für Zwischendurch. Die Teilnehmer werden hier gefordert und gefördert, miteinander koordiniert zu arbeiten. Zudem lässt sich diese Übung hervorragend einsetzen zum »Aufwärmen« für eine Arbeit, die eine intensive Interaktion zwischen den Teilnehmern fordert, beispielsweise wenn es darum geht, gemeinsame Strategien zu entwickeln, ein Projekt oder gemeinsames Vorgehen zu planen.

Dieses Warming-up eignet sich auch vortrefflich für Großgruppen und hier vor allem als Abschluss einer Veranstaltung. Bei größeren Veranstaltungen, bei denen die Teilnehmer auf verschiedene Trainer verteilt werden, aber parallel zueinander an den gleichen Themen arbeiten, kann der Bullring als gemeinsamer Abschluss fungieren. Vor allem bei firmeninternen Großveranstaltungen ist dies eine Möglichkeit, den gemeinsamen Geist zu stärken.

Tipps zur Moderation und Setting-Gestaltung

In Großgruppen geht es weniger um Lernmomente, als vielmehr um die Symbolik des Bullrings. Daher sollte die Durchführung auch erfolgreich sein. Dazu kann eine entsprechend einfache Wegstrecke zurückgelegt werden, das Verhältnis zwischen Ring bzw. Kette und Ball sicher sein und nicht zuletzt erfordert es eine für alle Teilnehmer verständliche Moderation!

Anhang: Die Suchmaschine

Die nachfolgende Übersicht soll es Ihnen ermöglichen, möglichst schnell ein passendes Warming-up für Ihre Veranstaltung und die spezielle Situation zu finden. Dazu sind alle Warming-ups mit den wichtigsten Details beschrieben, damit Sie nicht das ganze Buch durchsuchen müssen. Alle wichtigen Details der 31 Warming-ups finden Sie hier noch einmal kurz aufgelistet:

Seite 24

1. Das Förderband

Teilnehmeranzahl:	12–60 Personen.
Konstellation:	Gesamte Gruppe.
Dauer:	10–15 Minuten.
Material:	Nein.
Location:	Drinnen wie draußen.
Vorbereitungsaufwand:	Small.
Spezielle Ziele:	Fördert die Gruppendynamik, die Arbeitseffizienz und hebt die Stimmung.

In folgenden Situationen als gut empfunden:
Wiedereinstieg. Beispielsweise nach einer Übernachtung, zwischen zwei Veranstaltungstagen.

Seite 27

2. Der Kollegensitzkreis

Teilnehmeranzahl:	8–100 Personen.
Konstellation:	Gesamte Gruppe
Dauer:	3–5 Minuten.
Material:	Nein.
Location:	Drinnen wie draußen (Platz für Teilnehmerkreis erforderlich).
Vorbereitungsaufwand:	Small.
Spezielle Ziele:	Fördert mit Spaß das Zusammengehörigkeitsgefühl der Teilnehmer.

In folgenden Situationen als gut empfunden:
Als Abschluss nach einer Veranstaltung.

3. Der Seilkreis

Teilnehmeranzahl:	8–40 Personen
Konstellation:	Gesamte Gruppe.
Dauer:	3–5 Minuten.
Material:	Ja.
Location:	Drinnen wie draußen (Platz für Teilnehmerkreis erforderlich).
Vorbereitungsaufwand:	Middle.
Spezielle Ziele:	Funktioniert nur durch das Zusammenwirken der Teilnehmer. Fördert das Teamdenken des Einzelnen.

In folgenden Situationen als gut empfunden:
Als Einstieg.

Seite 30

4. Klick! Die menschliche Kamera

Teilnehmeranzahl:	2–26 Personen.
Konstellation:	Paare.
Dauer:	10–15 Minuten.
Material:	Nein.
Location:	Draußen, drinnen nur bedingt.
Vorbereitungsaufwand:	Small bis Middle.
Spezielle Ziele:	Fördert Ruhe, Konzentration und zudem eine intensive Interaktion.

In folgenden Situationen als gut empfunden:
Zwischendurch oder zwischen zwei Programmteilen.

Seite 33

5. Gemeinsam mehr sehen

Teilnehmeranzahl:	8–24 Personen.
Konstellation:	Einzeln, in Paaren und in Kleingruppen nacheinander.
Dauer:	12 Minuten.
Material:	Ja.
Location:	Drinnen, eingeschränkt auch draußen.
Vorbereitungsaufwand:	Middle.
Spezielle Ziele:	Möglichkeit für die Teilnehmer Synergie zu erleben. Fördert den Informationsaustausch zwischen den Teilnehmern.

In folgenden Situationen als gut empfunden:
Zwischendurch.

Seite 36

Seite 39

6. Der schwebende Bambusstab

Teilnehmeranzahl:	8–16 Personen.
KKonstellation:	Gesamte Gruppe.
Dauer:	5–10 Minuten.
Material:	Ja.
Location:	Drinnen wie draußen.
Vorbereitungsaufwand:	Middle.
Spezielle Ziele:	Fördert eine koordinierte Kommunikation und Koordination.

In folgenden Situationen als gut empfunden:
Als Einstieg und zwischendurch.

Seite 42

7. Verkehrschaos

Teilnehmeranzahl:	6–18 Personen.
Konstellation:	Gesamte Gruppe.
Dauer:	5–12 Minuten.
Material:	Ja.
Location:	Drinnen wie draußen.
Vorbereitungsaufwand:	Middle.
Spezielle Ziele:	Fördert kooperatives Handeln.

In folgenden Situationen als gut empfunden:
Als Einstieg und zwischendurch.

Seite 45

8. Die Zyklopen

Teilnehmeranzahl:	8–20 Personen.
Konstellation:	Paare.
Dauer:	5 Minuten.
Material:	Nein.
Location:	Drinnen wie draußen (Platz für Teilnehmerkreis erforderlich).
Vorbereitungsaufwand:	Small.
Spezielle Ziele:	Fördert eine ausgelassene und motivierte Arbeitsstimmung.

In folgenden Situationen als gut empfunden:
Zwischendurch und als Wiedereinstieg, beispielsweise nach einer kurzen Mittags- oder Kaffeepause.

9. Der Ring

Teilnehmeranzahl:	6–20 Personen.
Konstellation:	Gesamte Gruppe.
Dauer:	4–10 Minuten.
Material:	Ja.
Location:	Drinnen wie draußen (Platz für Teilnehmerkreis erforderlich).
Vorbereitungsaufwand:	Middle.
Spezielle Ziele:	Wirkt auflockernd (Auch als Kennenlernrunde geeignet oder um Meinungen in einem unkomplizierten Rahmen zu äußern).

Seite 48

In folgenden Situationen als gut empfunden:
Einstieg und Wiedereinstieg.

10. Der Sinnesparcours

Teilnehmeranzahl:	1–24 Personen.
Konstellation:	Einzeln, in Paaren oder der gesamten Gruppe.
Dauer:	4–10 Minuten.
Material:	Ja.
Location:	Draußen, abwechslungsreiches Gelände.
Vorbereitungsaufwand:	Large.
Spezielle Ziele:	Die Teilnehmer bekommen die Möglichkeit sich auf Neues einzustimmen, einzulassen und zu konzentrieren.

Seite 51

In folgenden Situationen als gut empfunden:
Zwischen zwei Programmteilen.

11. Der Lauschangriff

Teilnehmeranzahl:	1–25 Personen.
Konstellation:	Einzeln.
Dauer:	8 Minuten.
Material:	Ja.
Location:	Vorzugsweise im freiem Gelände.
Vorbereitungsaufwand:	Middle bis Large.
Spezielle Ziele:	Die Teilnehmer bekommen die Möglichkeit sich auf Neues einzustimmen, einzulassen und zu konzentrieren.

Seite 54

In folgenden Situationen als gut empfunden:
Zwischen zwei Programmteilen.

Seite 57

12. Das Pendel

Teilnehmeranzahl:	3–30 Personen.
Konstellation:	Dreiergruppen oder Gruppen bis zu 10 Teilnehmer.
Dauer:	5–12 Minuten.
Material:	Nein.
Location:	Drinnen wie draußen.
Vorbereitungsaufwand:	Small.
Spezielle Ziele:	Fördert Kleingruppen- und Plenumarbeit dadurch, dass Dynamik und gleichzeitig eine ruhige Stimmung in der Gruppe gefordert und gefördert wird.

In folgenden Situationen als gut empfunden:
Zwischendurch und zwischen zwei Programmteilen.

Seite 60

13. Rückendeckung

Teilnehmeranzahl:	2–50 Personen.
Konstellation:	Paar(e).
Dauer:	6 Minuten.
Material:	Nein.
Location:	Drinnen wie draußen.
Vorbereitungsaufwand:	Small.
Spezielle Ziele:	Setzt neue Kräfte frei und versetzt die Teilnehmer in Schwung.

In folgenden Situationen als gut empfunden:
Einstieg und zwischendurch.

Seite 62

14. »Gemeinsam schaffen wir es!«

Teilnehmeranzahl:	2–20 Personen.
Konstellation:	Erst Paare, dann Kleingruppen und anschließend die gesamte Gruppe.
Dauer:	3–15 Minuten.
Material:	Nein.
Location:	Drinnen wie draußen.
Vorbereitungsaufwand:	Small.
Spezielle Ziele:	Gibt den Teilnehmern die Metapher »Gemeinsam schaffen wir es!« mit auf den Weg.

In folgenden Situationen als gut empfunden:
Einstieg.

15. Der Deckenball

Teilnehmeranzahl:	12–24 Personen.
Konstellation:	2 Kleingruppen arbeiten zusammen.
Dauer:	10 Minuten.
Material:	Ja.
Location:	Draußen, freie Fläche erforderlich.
Vorbereitungsaufwand:	Middle.
Spezielle Ziele:	Fordert und fördert die Interaktion in der Gruppe.

In folgenden Situationen als gut empfunden:
Zwischendurch und Wiedereinstieg.

Seite 64

16. Der Herr der Ringe

Teilnehmeranzahl:	6–16 Personen.
Konstellation:	Gesamte Gruppe.
Dauer:	6–12 Minuten.
Material*:	Ja.
Location:	Drinnen wie draußen.
Vorbereitungsaufwand:	Middle.
Spezielle Ziele:	Die Teilnehmer werden »aufgewärmt« Entscheidungen zu treffen und ein gutes Zeitmanagement zu realisieren.

In folgenden Situationen als gut empfunden:
Einstieg und zwischendurch.

Seite 66

17. Die Rettungsinsel

Teilnehmeranzahl:	8–20 Personen.
Konstellation:	Gesamte Gruppe.
Dauer:	5–8 Minuten.
Material:	Ja.
Location:	Drinnen wie draußen.
Vorbereitungsaufwand:	Small.
Spezielle Ziele:	Gibt den Teilnehmern einen energievollen Schub durch gemeinsames Handeln, kreativ sein und Spaß haben.

In folgenden Situationen als gut empfunden:
Wiedereinstieg, beispielsweise nach einer Pause.

Seite 70

Seite 72

18. Der Vertrauenslauf

Teilnehmeranzahl:	10–24 Personen.
Konstellation:	Gesamte Gruppe.
Dauer:	6–12 Minuten.
Material:	Nein.
Location:	Draußen.
Vorbereitungsaufwand:	Small.
Spezielle Ziele:	Fördert die Dynamik in der Gruppe und wirkt sehr belebend.

In folgenden Situationen als gut empfunden:
Wiedereinstieg, beispielsweise nach einer Pause.

Seite 76

19. Discovery

Teilnehmeranzahl:	6–30 Personen.
Konstellation:	Paare.
Dauer:	15 Minuten.
Material:	Ja.
Location:	Draußen, abwechslungsreiche und ruhige Umgebung.
Vorbereitungsaufwand:	Middle.
Spezielle Ziele:	Gibt dem Teilnehmer Ruhe, Besinnung und Konzentration, um wieder kraftvoll in die Arbeit einzusteigen oder um sich auf Neues einzulassen.

In folgenden Situationen als gut empfunden:
Zwischen zwei Programmteilen.

Seite 78

20. Electric Fence

Teilnehmeranzahl:	8–16 Personen.
Konstellation:	Gesamte Gruppe.
Dauer:	12 Minuten.
Material:	Ja.
Location:	Drinnen wie draußen.
Vorbereitungsaufwand:	Middle.
Spezielle Ziele:	Die Teilnehmer werden »aufgewärmt«, eng miteinander zusammenzuarbeiten.

In folgenden Situationen als gut empfunden:
Zwischendurch oder bei einem Wiedereinstieg.

21. Partnerbalance

Teilnehmeranzahl:	2–50 Personen.
Konstellation:	Paare.
Dauer:	5 Minuten.
Material:	Nein.
Location:	Drinnen wie draußen.
Vorbereitungsaufwand:	Small.
Spezielle Ziele:	Fördert das körperliche und soziale Wohlbefinden der Teilnehmer.

In folgenden Situationen als gut empfunden:
Als Einstieg und zwischendurch.

Seite 80

22. Balljongleure

Teilnehmeranzahl:	6–40 Personen.
Konstellation:	Gruppen à 6 Teilnehmer.
Dauer:	10–15 Minuten.
Material:	Ja.
Location:	Drinnen wie draußen.
Vorbereitungsaufwand:	Middle.
Spezielle Ziele:	Die Teilnehmer können Kooperation und Spaß entwickeln. Förderlich für das Arbeitsengagement.

In folgenden Situationen als gut empfunden:
Als Einstieg und zwischendurch.

Seite 82

23. Stand up!

Teilnehmeranzahl:	6–20 Personen.
Konstellation:	Erst Paare, dann Kleingruppe bis eventuell die gesamte Gruppe.
Dauer:	10 Minuten.
Material:	Nein.
Location:	Drinnen wie draußen, sauberer und trockener Untergrund erforderlich.
Vorbereitungsaufwand:	Small.
Spezielle Ziele:	Sehr belebend!

In folgenden Situationen als gut empfunden:
Zwischendurch.

Seite 84

Seite 86

24. Standhalten

Teilnehmeranzahl:	2–20 Personen.
Konstellation:	Paare.
Dauer:	5 Minuten.
Material:	Nein.
Location:	Drinnen wie draußen, ebener Untergrund.
Vorbereitungsaufwand:	Small.
Spezielle Ziele:	Kleiner körperlicher Ausgleich zur geistigen Arbeit. Wirkt ausgleichend.

In folgenden Situationen als gut empfunden:
Zwischendurch.

Seite 88

25. Blind Snake

Teilnehmeranzahl:	4–10 Personen pro Snake.
Konstellation:	Je nach Teilnehmerzahl Kleingruppen oder gesamte Gruppe.
Dauer:	15 Minuten
Material:	Ja.
Location:	Draußen, drinnen nur bedingt.
Vorbereitungsaufwand:	Middle bis Large.
Spezielle Ziele:	Kommunikationsfluss, Vertrauen und Verantwortung werden hier gefordert und gefördert.

In folgenden Situationen als gut empfunden:
Zwischendurch und als Wiedereinstieg.

Seite 91

26. Bildermeditation

Teilnehmeranzahl:	2–18 Personen.
Konstellation:	Gesamte Gruppe, Variante in Paaren.
Dauer:	10–15 Minuten.
Material:	Ja.
Location:	Drinnen.
Vorbereitungsaufwand:	Middle.
Spezielle Ziele:	Die Teilnehmer kommen zur Ruhe, können ihre Gedanken sammeln und Fantasie entwickeln. Unterschiedliche Wahrnehmungen zwischen den Teilnehmern werden deutlich. Die Teilnehmer können auf das anstehende Thema eingestimmt werden.

In folgenden Situationen als gut empfunden:
Einfach zwischendurch oder zwischen zwei Programmteilen.

27. Das Berchtesgadener Mysterium

Teilnehmeranzahl:	4–16 Personen.
Konstellation:	Gesamte Gruppe.
Dauer:	Sehr unterschiedlich, 10–20 Minuten.
Material:	Ja.
Location:	Drinnen wie draußen.
Vorbereitungsaufwand:	Middle.
Spezielle Ziele:	Die Teilnehmer als Gruppe können hier ihre Problemlösungskompetenz ausprobieren und verbessern.

In folgenden Situationen als gut empfunden:
Zwischendurch und als Wiedereinstieg.

Seite 94

28. Das Streichholznest

Teilnehmeranzahl:	Eine Gruppe à 3–5 Personen.
Konstellation:	Gesamte Gruppe, bei mehr als 5 Teilnehmern Kleingruppen.
Dauer:	10–15 Minuten.
Material:	Ja.
Location:	Drinnen wie draußen.
Vorbereitungsaufwand:	Middle.
Spezielle Ziele:	Geschicklichkeit und Konzentration wird hier spielerisch gefordert und gefördert.

In folgenden Situationen als gut empfunden:
Zwischendurch.

Seite 96

29. Der Jurtenkreis

Teilnehmeranzahl:	12–30 Personen.
Konstellation:	Gesamte Gruppe.
Dauer:	5 Minuten.
Material:	Nein.
Location:	Drinnen wie draußen (Platz für Teilnehmerkreis erforderlich).
Vorbereitungsaufwand:	Small.
Spezielle Ziele:	Die Teilnehmer versetzen sich gegenseitig in Schwingung und nehmen diese schwungvolle Energie mit in die bevorstehende Arbeit.

In folgenden Situationen als gut empfunden:
Zwischendurch und Wiedereinstieg.

Seite 98

Seite 100

30. Blind geometrische Figuren bilden

Teilnehmeranzahl:	12–20 Personen.
Konstellation:	Gesamte Gruppe.
Dauer:	5–10 Minuten.
Material:	Nein.
Location:	Drinnen wie draußen (Platz für Teilnehmerkreis erforderlich).
Vorbereitungsaufwand:	Small.
Spezielle Ziele:	Eine intensive Interaktion und gegenseitige Wahrnehmung wird gefordert und gefördert.

In folgenden Situationen als gut empfunden:
Zwischendurch und als Wiedereinstieg.

Seite 102

31. Der Bullring

Teilnehmeranzahl:	8–20 oder 20–200 Personen.
Konstellation:	Gesamte Gruppe.
Dauer:	5–10 Minuten.
Material*:	Ja.
Location:	Draußen.
Vorbereitungsaufwand:	Large.
Spezielle Ziele:	In Kleingruppen bis zu 20 Personen fördert es die Interaktion. In Großgruppen wird das Zusammengehörigkeitsgefühl gestärkt.

In folgenden Situationen als gut empfunden:
Mit Gruppen bis zu 20 Personen als Einstieg. Mit größeren Gruppen als Abschluss.

Literaturempfehlungen

Baer, Ulrich: 666 Spiele. Für jede Gruppe. Für alle Situationen. Kallmeyersche, Seelze 2001.
Viele der beschriebenen Spiele lassen sich mit etwas Geschick und didaktisches Wissen auf Trainings- und Seminarsituationen adaptieren. Die Sammlung ist so umfangreich, dass bestimmt für jeden Geschmack etwas dabei ist.

Geißler, Karlheinz A.: Anfangssituationen. Was man tun und besser lassen sollte. Beltz, Weinheim und Basel ⁹2002.
Warming-ups können als Werkzeug fungieren, um in Anfangssituationen mit Gruppen den Einstieg in die gemeinsame Arbeit zu finden. Das Buch von Karlheinz A. Geißler beschreibt umfassend, wie Trainer und Seminarleiter diese besondere Situation erfolgreich meistern können. Ein Aufschlagwerk, dass nicht nur fachlich eine Fundgrube ist, sondern auch durch humorvolle Beschreibungen Spaß macht zu lesen.

Gilsdorf, Rüdiger/Kistner, Günter: Kooperative Abenteuerspiele. Kallmeyersche, Seelze 1995.
Diese Sammlung an kooperativen Abenteuerspielen hat sich seit der Erscheinung 1995 bereits zu eine Art Klassiker entwickelt. Eine große Anzahl Spiele, Übungen und kleine Projekte, die zum Teil auf Seminar und Trainingsarbeit umgemodelt werden können. Die übersichtliche Aufmachung, die kurzen, aber ausreichenden Beschreibungen machen es zu einem wertvollen Buch für die Arbeit mit Gruppen.

Heckmair, Bernd: Konstruktiv lernen. Beltz, Weinheim und Basel 2000.
Dieses Buch beinhaltet 15 konstruktive Lernprojekte. Besonders herausragend ist das Buch durch das pädagogische Know-how und Praxisnähe.

Möller, Jörn: Gamle Idrätslege i Danmark. Band 1–4. Bavnebanke, Slagelse/Dänemark 1998.
Wer sich für Spiele im Allgemeinen interessiert und nebenbei auch dänisch liest findet hier einen umfangreichen und sehr spannend beschriebenen Fundus. Dabei handelt es sich nur begrenzt um Übungen für Training und Seminar als vielmehr um Spiele, die Sie vielleicht noch aus Ihrer Kindheit kennen. Eine große Anzahl einfacher, klassischer, lustiger Spiele, die kaum Material erfordern.

Vopel, Klaus W.: Anwärmspiele. Experimente für Lern- und Arbeitsgruppen. Salzhausen [7] 1999.
Die Experimente beziehen auf eine sehr natürliche Art den Körper ein und sorgen so für ein gutes Fundament der anschließenden Arbeit. Für den konzentrierten Einstieg in das Training gut geeignet.

Wallenwein, Gudrun F.: Siele: Der Punkt auf dem i. Kreative Übungen zum Lernen mit Spaß. Beltz, Weinheim und Basel [4]2001.
Eine einmalige Sammlung in Seminaren erprobter Spiele und Übungen, die in den unterschiedlichsten Situationen eingesetzt werden können.

Gudrun F. Wallenwein
Spiele: Der Punkt auf dem i
Kreative Übungen zum Lernen mit Spaß.
252 Seiten. Pappband.
ISBN 3-407-36407-5

Die Konzentration der Seminargruppe lässt nach,
die Aufmerksamkeit sinkt ins Bodenlose und
nichts wird mehr aufgenommen. Kennen Sie das?
Möchten Sie das in Ihren Seminaren vermeiden?
Suchen Sie nach Möglichkeiten und Ideen?
Gudrun F. Wallenwein hat Spiele und Übungen für
Trainings und Seminare gesammelt und den unter-
schiedlichen Einsatzmöglichkeiten zugeordnet.
Die meisten Spiele und Übungen sind als belebende
Unterbrechung des Lerngeschehens gedacht. Denn
durch Entspannung erreichen wir ideale Voraus-
setzungen für ein erfolgreiches Arbeiten.

Bernd Weidenmann
100 Tipps & Tricks für Pinnwand und Flipchart
92 Seiten. Broschiert.
ISBN 3-407-36412-1

Pinnwand und Flipchart sind die beliebtesten »Werk-
zeuge« für Seminare, Workshops, Präsentationen
und Besprechungen. Doch anschreiben und
annadeln ist nicht alles, was Sie mit diesen genial
einfachen Medien machen können.
- Lassen Sie sich überraschen von originellen
  Ideen: Fadentrick, Knüllwolke, Pinnwandlampe,
  wandelnde Litfaßsäule, Kartenjogging,
  Ampelfeedback, Schubladenpinnwand, Schnell-
  Clustern und vieles mehr.
- Werden Sie professioneller beim Zeichnen,
  Schreiben, Mindmapping, Moderieren.
- Probieren Sie die lernpsychologischen Tipps,
  um die Aufmerksamkeit Ihrer Teilnehmer zu
  fesseln, das Lernen leichter zu machen und das
  Gelernte spielerisch zu sichern.

Beltz Verlag · Postfach 100154 · 69441 Weinheim · www.beltz.de

Rudolf Müller
Mehr Bewegung ins Lernen bringen
Energie aufbauen, Leistungsfähigkeit und
Lernmotivation erhöhen, Lernstoff verankern.
209 Seiten. Pappband.
ISBN 3-407-36394-X

Dieses Handbuch mit seinen fast 100 Übungen
lässt das Herz aller Lehrenden höher schlagen.
Die Bewegungsübungen lassen sich wunderbar
einfach in Seminaren und im Unterricht einsetzen.
Sie können so zusammengestellt werden, dass sie
exakt zum Lehr- oder Trainingsstoff passen.
Genaue Checklisten zu jeder Übung inklusive Musik-
einsatz und Wirkung erleichtern die Umsetzung in
die Praxis.

Detlev Blenk
Inhalte auf den Punkt gebracht
115 Kurzgeschichten für Seminare und Trainings.
272 Seiten. Pappband.
ISBN 3-407-36409-1

Mit einer kleinen Geschichte gelingt es oft viel
leichter, eine Botschaft zu transportieren als mit
1.000 klugen Worten. Sachverhalte können so gut
auf den Punkt gebracht werden. Wem es zudem
gelingt, die Geschichte richtig zu platzieren und
spannend zu präsentieren, dem öffnet es nicht
selten Türen, die sonst dicht verschlossen sind.
Dieter Blenk hat 115 spannende Kurzgeschichten
für den Einsatz in Seminaren und Trainings
aufbereitet und den Themenfeldern Führung,
Kommunikation, Teamarbeit, Verhandeln und
Verkaufen, Veränderung, Selbstmanagement sowie
Zeitmanagement zugeordnet

Beltz Verlag · Postfach 100154 · 69441 Weinheim · www.beltz.de